中大百年：科學篇

李光華　主編

中央大學出版中心｜遠流

目次

〈序〉

百年中大・流轉年華──從南高師到雙連坡

李光華

　　走過百年的國立中央大學，從時間的推移到地域的變遷，如今在臺灣的中央大學已成為一所獨具特色的一流大學。

　　1912年辛亥革命之後，成立了中華民國，政府當局廢除舊式學堂，將省立優等師範學堂改為國立高等師範學校。1914年，本校奉准成立南京高等師範學校（以下簡稱南高師），當時江南地區並未設立大學，而高等教育需要更多元化的培育，五四運動之後，全國教育聯合會屢次呼籲應當「改高師為大學」。1920年12月7日，南高師遂正式更名為「國立東南大學」（以下簡稱東大）。1927年合併東南大學與江蘇地區高等學校，組建國立第四中山大學，1928年更名為國立中央大學。此時期的中央大學為東南地區的學術重鎮，素有「北北大、南中大」之稱。1937年中國對日抗戰，中央大學遷校重慶，戰後還校南京，師生們的足跡也因此走過大半個中國。然而又逢國共內戰，中央大學遂一分為二，一部分留在南京，另一部分隨國民政府遷臺。

　　中大歷經數次易名與遷校，一路行來，步履維艱，在戰亂憂患之中仍然努力維繫著學術薪傳的命脈，試圖在臺灣重建中央大學。校友會於1956年積極展開復校工作，1957年順應國際地球

物理年再次申請復校，1958年經行政院會通過，1962年終於在臺灣復校，於苗栗正式成立地球物理研究所。1966年因苗栗位置偏遠、校園狹小而遷校中壢，1968年改制為理學院，1979年成為完全大學，正式復名。中大一百週年校慶正是以南高師時期起算，為中大百年之始。

「中大百年」系列書籍的規劃緣於中大百年校慶活動，繼已出版的《中大在臺第一個十年——地物所1962》、《飛越：劉兆漢校長與中央大學》、《昂揚而行：中大在臺五十年》、《十年有成——中大精英名人錄》後特別規劃的百年校史叢書系列之一。希望從已出版和規劃出版的書籍中梳理中央大學發展的歷史脈絡，因此，去年邀請本校文學院楊祖漢院長共同編纂《中大百年：人文篇》與《中大百年：科學篇》。《中大百年：科學篇》主要介紹了橫跨中大南京時期、重慶時期、苗栗到中壢時期的人物，特別是在社會科學（尤其是經濟學領域）與自然科學領域表現傑出的優秀人才與社會賢達，揀選了十位傑出校友。囿於篇幅與寫作人力的限制，無法囊括更多精采豐富的內容；雖有遺珠之憾，但還是可以透過本書傑出校友的人生縮影與治學過程，不僅見證了中央大學的成立、轉變與發展，亦彰顯出時代演進的軌跡與中大對社會的貢獻。傑出校友在各領域的成就與貢獻，正可作為中大百年校慶的最佳賀禮。

本書開篇介紹的是有臺灣經濟舵手與科技教父之稱的李國鼎先生（1910-2001），大陸時期的中央大學物理系畢業，卻從科學領域轉到財稅經濟，是一位政治家兼經濟學家，曾任中華民國

經濟部及財政部部長，在任時期推動了許多影響臺灣的重大經濟建設。第二篇書寫的是創立《中國時報》的余紀忠先生（1910-2002），大陸時期中央大學歷史系畢業，1949年來臺，投入新聞業和出版業，創辦了《徵信新聞報》，後改名為《中國時報》，對臺灣報業與新聞自由的發展有很大的貢獻。《中國時報》培植了一批新聞人才，對當代新聞媒體影響深遠。第三篇介紹的王作榮先生（1919-2013），從大陸時期的中大政治系轉到經濟系，被譽為「臺灣第一位政策經濟學家」，曾任《中國時報》總主筆，早年服務於中華民國行政院美援會，後任臺灣大學經濟學系教授、考選部部長，與監察院長。第四篇介紹了謝森中先生（1919-2004），原先就讀大陸時期的中大化工系，後轉農經系，曾任央行總裁，對臺灣農業、財金與經濟領域有極大的影響。第五篇介紹了邢慕寰先生（1915-1999），大陸時期中大經濟系畢業，創建了中央研究院經濟研究所並兼首任所長，對臺灣的主計與經建政策著力甚多，更是中華經濟研究院的創設者，所出版的研究與報告至今仍為政府施政的重要指標。第六篇介紹了施建生先生（1917-），從大陸時期的中大社會學系、哲學系轉讀經濟系，承襲歐美傳統的經濟學思潮並引進臺灣，一生致力於經濟學教育的推廣，其相關著作為高等教育重要的經濟學教材。第七篇介紹的是吳健雄女士（1912-1997），有「核子研究的女王」、「中國居里夫人」、「中國第一位女性科學家」等美譽，大陸時期中大物理系畢業，舉世公認為最傑出的物理學家之一。第八篇介紹的是馮元楨先生（1919-），畢業於大陸時期的中大

航空工程系，後來轉治生物工程學、生物力學，成為生物醫學工程的奠基人，因此被稱為「生物工程之父」。第九篇以後為來臺復校後時期的校友，主要介紹伊林先生（1951-），畢業於中大物理系，1994年發表實驗論文，證明微粒電漿系統理論所預測之微粒電漿晶格的存在，揚名國際物理界，為電漿物理研究開啟了新的子域。第十篇介紹了李鍾熙先生（1950-），為在臺復校後化工系的第一屆畢業生，返臺後擔任工業技術研究院化學工業研究所所長、工研院院長等職務，對臺灣的產業發展有很大的貢獻。

透過十位校友的傑出表現，讓我們看見了中大與全球教育、學術的連動，以及如何影響臺灣整體的社會、政治、經濟與科學層面的發展。感謝所有的編輯委員，包括通識中心江才健老師、總教學中心主任周惠文教授、出版中心主任張翰璧教授、歷史所汪榮祖教授，以及推薦經濟領域撰寫人選的人資所李誠教授，最後還要感謝為此書勞心勞力、蒐集資料、撰稿校訂的作者群，特別是出版中心的徐幸君小姐。若無同仁無私的奉獻，本書亦無面世的機會。

本書獻給幫助過中央大學的朋友與所有中大人，讓我們延續百年風華，一起迎向下一個璀璨的世紀。

高風亮節——一代國士李國鼎

周慧如

《工商時報》財經要聞中心主任

　　國立中央大學收藏著一張泛黃的國立東南大學學籍卡，載明入學時間是「中華民國15年9月，李國鼎，鍾英中學畢業」。誰也沒想到，照片裡的這位青澀少年，日後一手規劃臺灣的產經發展藍圖，被譽為臺灣的「科技教父」。

　　李國鼎於1910年在南京市出生，他的小學、中學、大學，一直到二十四歲負笈英國留學之前，都在故鄉南京度過，而中央大學的原址在南京，他的小學與中學均與中大校園相距不遠，因此他對南京、對母校都有濃厚的懷念。

　　李國鼎是家中的幼子，受到全家人的疼愛，小時在伯父的私塾習古文，再進入南京高等師範附小及南京鍾英高中，都是當地以西式教育辦學的學校，培養學生獨立思考、冒險創新的精神，以啟發他們學習的樂趣。李國鼎認為，這種精神加上後來的嚴謹科學訓練及對實用知識的重視，使他對解決問題有一套獨特的見解與能力，受用終生。[1]

　　在高中數學老師余介侯的引導下，少年李國鼎很喜歡數

1　康綠島，《李國鼎口述歷史：話說臺灣經驗》，卓越文化，1993年，頁15，本文有大量資料取自這本經李國鼎批閱、認可的口述歷史。

學，[2]「記得高中畢業那年考三角，老師共出了一百題，只要做對四題就得滿分，結果班上有六個同學做完了一百題，我是其中之一，而且都完全答對，這位老師對我影響很大，使我對科學，尤其是數學，發生了很大的興趣。」[3]

1926年，李國鼎十六歲高中畢業，在長兄李國棟的鼓勵下，投考中大的前身——國立東南大學。李國鼎博學強記，在八十三歲時，出版了口述歷史，對中大創校始末有很詳細的記載：

> 東南大學的前身是南京高等師範學院（簡稱南高師），而南高師的前身是清朝兩江優級師範。江蘇省政府特地禮聘留美學生郭秉文與陳容自海外延攬師資返國任教，招生採精英政策，學校在1914年成立，在往後十年，南高師因師資陣容堅強，成為南中國第一學府。

1921年，南高師改制為國立東南大學，校長郭秉文有很強的募款能力，說服江蘇督軍齊燮元捐款15萬元，為東大蓋圖書館。在1923年，東大實驗室發生火災，郭秉文運用國際人脈向美國洛克菲勒基金會募得20萬美元建館費和10萬元的儀器費用，使得東南大學在當時擁有獨步全國的一流科學館。

---

2 王昱峰，〈青年李國鼎「劍橋經驗」對「臺灣經驗」的啟示〉，《歷史月刊》，2002年5月號，頁55。
3 李國鼎，《我的臺灣經驗》，天下文化，1997年，頁17。

李國鼎在1926年考取東南大學後不久，國民政府北伐成功，還都南京，在1927年秋天把東南大學改制稱為國立第四中山大學；在1929-30年間，教育部又把第四中山大學改制為江蘇大學，數年之內頻頻更名，引起全校師生反彈，最後在1930年底，確定更名為國立中央大學。因此，李國鼎入學時是東南大學，畢業時領的是中央大學畢業證書。國家板蕩，黎民百姓都受影響，這些政治與教育行政的變動，讓他比預期的四年多花了半年才從大學畢業。

　　李國鼎考進東大時，原是數學系的學生，但是遇到好幾位留法的名士派學者，上課常忘了帶講義，就匆匆提前下課；又有老教授上課時，多翻一頁講義，即使前後內文不連貫，依然可以繼續講下去，令李國鼎瞠目結舌，因此，「我感到興趣索然，第二年就轉到物理系。」[4]

　　當時的中大物理系規定畢業學分142個，其中必修有53學分，大部分的主修及選修課程都是用英文原文書，系主任方光圻為訓練學生閱讀德文書的能力，因此開有德文閱讀一課，李國鼎從大二開始勤讀德文。在眾多學科中，他最喜歡天文，大四時就有論文〈太陽運動之絕頂〉發表在中國天文學會第七期年報；他對核子物理也很有興趣，他閱讀到一本羅瑟福德勳爵（Ernest Rutherford）與其兩位得意門生查德維克（James Chadwick）、艾里斯（Charles Drummond Ellis）合著的《放射性物質的放射線》

4　同註2，頁18。

（*Radiation from Radioactive Substance*），書中介紹原子蛻變、分裂後產生的各種粒子與放射線，這一個未知領域，既神祕又瑰麗，令李國鼎十分嚮往，這是他日後赴英追隨羅瑟福德做研究的原因。

李國鼎雖然是南京本地生，但平日多住在學校宿舍，只有放假時才返家。他的室友共有五人，與同系的戴學儀，曾一起整理歷屆諾貝爾得主的名單，雄心萬丈，互相勉勵「有為者亦若是」。他的記憶力奇佳，這些少年十五二十時的往事，即使相隔五十餘年，在進行口述歷史採訪時，仍然件件清楚、絲絲分明。

他很熱衷參與中大物理系的物理學會，連續三年被選為物理學會理事，勇於任事，包辦過財務、常務、學藝等業務，每學期都舉辦名家演講三至五次，還有聯誼性活動，例如郊遊、同樂會，並開辦攝影社，由此來看，當時大學生玩的把戲，李國鼎都玩過。然而，即使是在校園裡，他也有開創之舉。

1929年，李國鼎大三，擔任物理學會常務理事，首創《物理學會手冊》，雖然這只是校園系學會的刊物，但他訂出四大目的：第一是為學會留下一本紀念刊物；第二具會友聯誼作用；第三介紹會友認識了解科學演進與物理學發展大勢；第四為使有志於理工的同學有一簡便的治學工具。

目的如此恢宏，對十九歲、第一次編刊物的李國鼎而言，挑戰性超乎自己的預期。他在手冊序言中說，「編纂過程極為艱辛，一來材料蒐集不易，二來經費缺乏，三來印刷廠尋找不

易。」[5] 過去有句俗話，「要害一個人，就叫他去辦雜誌」，李國鼎對這句話應該有很深刻的體會。首先，因為稿源不易，李國鼎與學會幹部們，上窮碧落下黃泉，到處尋找合適的文章。有時初稿已定，但因國外傳來科學新進展，稿子又要修改。其次，為了廣告，同學們四處奔走，爭取商家支持，還要遠赴上海，比較上海、南京兩地印刷費用。經過一年的編製，這本手冊在1930年9月，他大四時終於問世，共計155頁，圖片有18頁。

這一本手冊頁數不多，但是堪稱「迷你版的物理萬用寶庫」，內容包括物理學系、學會組織與會員介紹，還有物理學界大事紀、物理學名著百種、重要期刊清單、世界各大物理學會調查表、中國科學研究機關、國內各大學物理系調查表、諾貝爾物理獎歷屆得獎人名錄；附錄並有物理普通常數表、天文常數表、物理單位及因子表、微積分公式表、原子量表、國內外大儀器公司簡介，以及中華民國萬年曆。令人歎為觀止的內容，為李國鼎口述歷史執筆的作者康綠島說，「此時，李國鼎已充分表現出他徹底周到的治學態度。」[6]

為了編這本手冊，李國鼎對中大做了一番調查，因此我們得以在今日了解母校在南京的規模。在1929年時，中央大學已有文、理、法、教、農、工、商、醫等八個學院，共計20系20科，教員有442位，學生有1,838位，是一個很完備的綜合大學。學校一年預算187萬元，七成來自江蘇省政府，三成是中央

5　同註1，頁23。
6　同註1，頁24。

政府補助。

至於中大物理系的資產，包括系圖書室計有參考書籍650種、期刊37種，圖書價值約12,000餘元，專供大三、大四生及教師使用。實驗室共計十間，包括普通物理實驗室兩間、電磁學、光學、近代物理、X放射線實驗室各一間，暗室與無線電學實驗室各兩間，另外再加上儀器設備，價值5萬餘元。[7]

1930年12月，李國鼎從中大物理系畢業，先在鍾南中學教書半年，後來轉赴金陵女子大學教數學與物理，是全校唯三的年輕男老師之一。他在這裡遇見了未來的夫人宋競雄，當時是金陵女大生物系的學生。兩人相識一年後，李國鼎在1934年獲得中英庚款留學第二屆考試錄取，於8月從上海搭船前往倫敦求學。宋競雄在大學畢業後，在金陵女大附設中學教書，兩人靠著魚雁往返，滋養他們的愛情，待李國鼎三年後，因抗日戰爭爆發，提前返國，那時宋競雄已隨金陵女大撤退至湖北武昌，李國鼎受中英庚款董事會總幹事杭立武託付，押送一批故宮古物至武昌，兩人好不容易在亂世裡重逢，當下決定結為連理，這已是1937年底。

在中大李國鼎紀念館中藏有李國鼎手寫的結婚證書與家書，家書多寫於1945年至1970年間，因公務出國寫給妻子的信。李國鼎多以宋競雄的英文名「Pearl」稱呼妻子，署名為「你的鼎」。宋競雄稱夫婿「鼎哥」，而以「Pearl」或是其中文譯名

7　同註1，頁20-21。

「般若」自稱。宋競雄並有一封信自稱「你的便當」，意在提醒出國在外的李國鼎，在酬酢飲宴之餘，勿忘家中便當滋味。夫妻倆感情深厚，相處詼諧有趣，由此可見。

李國鼎在 1983 年 3 月應邀至中央大學週會演講時，談到1934 年參加中英庚款公費考試時，數學考了滿分，全場第一名，是因為他在金陵女大教數學，一學期微分方程起碼演算幾百題，因此考試時不需另外準備。在放榜後，負責數學出題的教授姜立夫問他，為何不去英國專攻數學？李國鼎說，「已經遲了，我的興趣已經轉到實驗物理方面了。」[8]

1934 年 9 月，李國鼎坐了三十多天的船抵達英國。原本被分配至蘇格蘭愛丁堡的古老大學聖安得魯（University of St. An-drews）修習物理，但是他嚮往在大學時所讀的《放射性物質的放射線》作者羅瑟福德主持的劍橋大學核子物理研究中心卡文迪西（Cavendish）實驗室，因此在申請後，獲准轉入劍橋。李國鼎說，「因為那裡是核子物理的聖城，1930 年代前後，很多新發現都是從那裡研究出來，例如氦原子核、質子。我做了兩年的核能物理研究，和一年的極低溫超傳導現象的研究，當時中國物理學界還沒有人研究。」[9]

羅瑟福德是 1908 年諾貝爾化學獎的得主，其高徒查德維克因發現質子在 1935 年獲得諾貝爾物理獎，羅瑟福德的學生在卡文迪西實驗室擔任高級研究員，指導研究生作研究，而許多老教

8　同註3，頁18。
9　同註3，頁20-21。

授，也常會來實驗室參與討論。例如1906年發現電子而獲諾貝爾物理獎的J. J. Thomas，以及1927年發明雲室（cloud chamber）的Charles T. Wilson雖已退休，仍常到實驗室來指導學生，全世界有名的物理學家經常來此演講，發表最新研究，學生在此得到很大的啟發。卡文迪西實驗室自1874年成立迄今已有二十九位諾貝爾化學與物理得獎人。[10] 李國鼎身處這樣的研究環境，在學習上受到很大的激勵。

李國鼎解釋說，羅瑟福德對原子核的構造有一個理想的模型，他要求每個學生都要有獨立的研究題目，理論物理學派要從理論上去推論原子核的構造應該是什麼形態，而實驗物理學派則以實驗加以證明。每天下午茶的時間，就是彼此溝通或是辯論的時候。

在李國鼎眼裡，這是非常有意義的集體研究環境及工作。每個人除了專精於本身研究外，也要了解部門間所做的研究在整個原子核中的關係，經過反覆的辯論與修正，不斷激發想法，就帶來許多新發現。他說，「羅瑟福德治學的方法和思考路線給了我很大的訓練和啟示，對任何問題，要先看森林，再看樹，好像搭直升機先飛到天上察看整體，有了整體了解，然後選定優先次序，再著手推動。」因此即使他日後從科學專業轉去主持財經部門，依然受惠於年輕時的科學訓練，[11] 這也就是所謂「劍橋經驗」對日後李國鼎所奉獻、規劃與執行的「臺灣經驗」的啟

---

10 詳見劍橋大學卡文迪西實驗室網頁，http://www.phy.cam.ac.uk/history/nobel。
11 綜合註1，頁33；註2，頁22-23。

發。[12]

　　與此同時，日軍加緊對華侵略行動，尤其在1937年七七事變後，中國的情勢令遠在英國的他焦慮萬分，許多海外的中國留學生慷慨激昂，都想束裝返國投入戰場。然而政府派遣菁英學生出國學習，是希望他們學成後返國建設國家，因此還請作家謝冰心夫婦到英國勸說留學生，不必因一時的熱血衝動而中斷學業，這反而是國家未來的損失。謝冰心對留學生們說，「你們這些書生手無縛雞之力，還是繼續安心讀書，等學成後再返國報效也不遲。」[13]

　　李國鼎的三年中英庚款公費獎學金恰好結束，指導教授羅瑟福德已經為他申請到英國倫敦皇家學會的獎學金，他可以留在劍橋繼續做研究。但是李國鼎的心裡很矛盾，他掛念著國家局勢，想到「國家興亡、匹夫有責」這句話，就恨不得飛回故里報效國家，但是他也知道，如果能繼續留下來做研究，日後一定能夠為中國人在國際學術領域爭取到榮譽。到底該走或留呢？

　　在輾轉之際，他決定向老師請教。羅氏對他說，科學家在戰時應盡科學家的力量，他在第一次大戰期間，也為英國做了一些與戰爭有關的研究，「我問他，我能為國家做些什麼？他說：你學物理的，戰爭時防空是很大的問題，你可在這方面發揮所長。等到戰爭結束後，再回來做研究。於是，我決定回國。」[14]

---

12 同註2。
13 同註1，頁37-39。
14 同註3，頁26。

李國鼎說，他的人生可以劃分成三個階段，第一階段是在學校的學習，以劍橋學業做段落；在1937年學成返國服務，至1965年，前後二十八年，是在工作中學習；在1965年之後，則是參與政府決策的階段。

　　在人生的第二階段二十八年間，李國鼎再分成三時期，第一時期是進入工業生產的基層工作。1938年春，他加入長沙的防空學校，擔任修理所所長，月薪僅140～160元，比大學教授的360元還少。他那時雖然已成家，但想到報國的初衷，與妻子商量後，既可維持生活，就決定咬牙撐下去。所有後方重要城市的防空設施，例如照空燈、測音機，都需要修理所派員去巡迴大修，李國鼎招募了許多大學理工科畢業的技術員與機械士投入這份工作，當時物資缺乏，沒有電可用，他們就自己做水力發電機；沒有油，就以玉米和燒酒提煉強力酒精，又做木炭汽車，這一段「黑手」生活，令李國鼎對製造生產與工廠管理，發生興趣。

　　這段期間，李國鼎的小家庭隨著防空學校遷徙了十三次，顛沛流離，生活清苦，他還染上瘧疾，李國鼎因此飽受多年的瘧疾之苦。在中央大學國鼎圖書館的收藏中，有一封李國鼎在1945年12月寫給妻子的信，裡面還談到「瘧疾已不再來，今日可休息，盼勿念。」[15] 顯然，長期的貧困生活對他們夫妻倆的健康都造成損害。

---

15 李國鼎家書，http://ktli.sinica.edu.tw/letter/letter1.html。

因此，三年後，李國鼎覺得工作的挑戰性降低後，他轉換跑道至中央研究院進行天文觀測；1942年，在金陵女大同事，也是留英同學的邱玉池介紹下，加入抗戰時政府的最高經濟領導部門「資源委員會」，籌備資渝鋼鐵廠的建廠，李國鼎擔任工務組主任，他和三、四位三十歲左右的年輕工程師，在大後方負責設廠，還要設計製造煉鋼、軋鋼的機器設備。鋼鐵廠在嘉陵江上游，距離中大重慶柏溪分校很近。這三年，是一門煉鋼技術與工廠管理課。

　　後來資源委員會又調他到會本部，在新設的鋼鐵業務委員會擔任常務委員，管理五、六個鋼鐵廠的生產與聯繫，因為這些經驗，在抗戰勝利後，資源委員會請他與周茂柏一同設法利用日本賠償與美援來發展中國的造船工業。然而，因大陸局勢變化太快，周茂柏在1947年被調來臺灣，利用日本留下的臺灣船渠株式會社，在基隆成立臺灣造船公司，周請來李國鼎擔任協理，李國鼎在臺船的五年內，不斷改進臺船生產條件，並至美、日洽談技術移轉，逐漸從日本、香港手中搶下一些輪船修復的國際大案，他在臺船的卓越表現引起臺灣生產事業管理委員會副主委尹仲容的注意，在1953年邀請李國鼎出任經濟安定委員會（簡稱經安會）之下新設的工業委員會專任委員，做為尹仲容的助手。

　　因此，他說，從1937年至1953年的十六年，是他進入社會學習的第一時期，主要是學習管理經驗，而從1953年9月任職於經安會開始，進入第二時期，參與推動臺灣的工業發展，在政策規劃上，要尋找可發展的工業，以替代進口，節省外匯的產品為

優先，電力、紡織、機械等都是李國鼎的業務；另一方面，在發展計畫做出來後，他要申請美援款項來推動，使國家走向工業化。

那段期間，由於我國仍是聯合國的會員，聯合國之下有很多財經專業會議，過去政府出席會議的代表以外交部為主，外交部的關切只在中國代表權問題，而忽略了可在專業會議裡獲得實質收穫。李國鼎自1954年開始參加聯合國等相關國際會議，例如聯合國亞洲暨遠東經濟委員會年會，就有工業化的討論項目，李國鼎很用心吸收其他國家的經驗，使得他對如何推動國家的工業發展有一個廣泛而整體性的了解，例如，要發展經濟，就要研究租稅與土地問題，輕稅簡政才能促進投資，國內有足夠的土地供給，工廠才能設立。

他在經安會委員會上建議建立關稅和貨物稅出口退稅制度，並取消棉紗、木材貨物稅，初時，財政部擔心稅收損失，不敢同意，李國鼎總是不厭其煩，一再向各部會解釋，即使其間過程要經過數年，甚至十餘年，他都不放棄，總要設法辦成。他說，「在這個時期，我由科學轉到工程，再由工程轉到科學，接觸到財稅、經濟業務，凡是有關聯或頭痛的問題，只要給我學習，我從不放過。一面做，一面學，一面想辦法解決問題，再探尋新問題和新方法，這是真正在實習，也是求知的最好機會。」[16]

後來政府因組織改造，裁撤經安會，在1958年9月，副總統

---

16 同註3，頁33-38。

兼行政院長陳誠及財長嚴家淦推薦李國鼎任美援會祕書長，美援是當時國家的重要資源，李國鼎代表政府管理美援用途，形同進入決策中心，而蔣中正總統給他的任務就是「設法擺脫對美援的依賴，當美援結束時，我們仍可自力更生」。這是他在求知第二階段的第三時期，開始從事整體發展工作。在這段時間，李國鼎擁有三種身分：第一是美援會祕書長，第二是經濟部工礦計畫聯繫組召集人，第三是工業發展投資研究小組召集人，他戲稱「戴了三項帽子」，而這三重使命促使他成為推動臺灣經濟政策轉變最早的政策擬定人之一。

在美援會期間，他得知華僑大量投資香港，卻不願對臺灣投資，經幕僚研究後，發現臺灣稅賦重、投資手續繁雜，令許多投資者望之卻步。李國鼎認為，臺灣經濟要脫胎換骨，必須要從法制面來著手。他邀請稅務、土地和法律專家一起來檢視促進投資有哪些障礙，「我從來沒有學過法律，但只是根據我的常識需要，就修改了約12至15個法律。但每一個法律要由各主管部會向立法院提出修正草案，例如賦稅是財政部，土地是內政部，如果沒有一個總目標，立法院很難審查通過，而且可能甲法通過，而乙法不通過，不如設計一個總目標。」[17]

因此，《十九點財經措施》就是一個全面性的財政、經濟與金融革新的上位計畫，強調尊重市場經濟，鼓勵擴大出口，簡化出口結匯，並在租稅、外匯管理與資金融通方面，給予民間投資

---

17 同註3，頁42。

便利與優惠，以協助資本形成與經濟發展。這項重要的財經改革方案於1960年1月8日在士林官邸向蔣中正總統報告，在座的有副總統陳誠、總統府祕書長張群、財長嚴家淦、美援會副主委尹仲容及李國鼎，由嚴家淦逐項報告說明，總統提問時則分別陳述，逐項同意，由李國鼎做成紀錄呈報行政院，隨即由行政院會通過作為最高財經指導原則。

政策總目標既已訂出，美援會的投資小組同仁竭精殫智，蒐集各國類似法案，取其精要，草擬了《改善投資條例》草案，於1960年12月獲得美援會委員會通過，唯因名稱係從消極著想，經討論後改為《獎勵投資條例》草案，在5月報請行政院審議，在6月送進立法院審查，在8月底獲得三讀通過。

有了法律基礎，美援會投資小組在1961年10月聘請美國史丹福大學的七位經濟專家與工程師來臺，經過半年廣泛調查與研究，在臺灣57項工業中挑選石化、玻璃等14項具潛力、可吸引外資的產業，再由政府全力栽培，這是臺灣在70年代經濟起飛的關鍵政策之一。[18]

1963年9月，美援會又改組為國際經濟發展合作委員會（簡稱經合會），李國鼎仍任祕書長，旋即升任副主委，繼續承辦美援，並和國外進行技術合作。李國鼎說，這段時間接觸到很多財經、法律問題，而政府部門奇缺這種跨領域人才，因此他就成立一個小組專門培育跨領域人才，並在大學設立獎學金，鼓勵唸經

---

18 同註1，頁151。

濟的人去學法律，讀法律的人去學經濟，對國家才有更大的用處。在美國決定停止美援時，李國鼎在1965年1月升任為經濟部長，因此，從1965年開始，進入他所說的求知第三階段「參與決策」。

「我到經濟部時，是個很困難的時候，第一是民國54年6月美援停止；第二是糖價暴跌，我們的外匯收入大幅減少；第三是證券市場因糖價下跌影響台糖股票，非常混亂。」李國鼎說道，「最後我只好決定停止證券市場操作一個禮拜，重新整頓，台電、台糖兩股票暫時不交易，那時，挨罵挨得厲害，但卻有許多值得回憶的地方。」[19]

這段期間美援雖然停止，但因先前已通過《獎勵投資條例》，並進行外匯改革，新臺幣兌美元匯率穩定維持在40：1，再加上實施出口退稅，廠商成本降低，出口大好，紛紛擴廠生產，國內資本形成加速，出口也迅速增加。傳統的經濟學是以勞力、土地和資本為生產的三要素，但是李國鼎認為還有第四要素企業家，如果沒有企業家投資，創造就業機會，生產製造出口，換取外匯，國家如何發展、社會如何安定？因此廠商投資遇到土地、稅賦、水電等疑難雜症，都向李國鼎求援，而李國鼎在審視過投資計畫後，只要他認為可行，他就會積極去處理，甚至打破法規，促成投資案，這樣的勇於任事的精神在公部門之中常會得罪別人，甚至被人向上級檢舉「圖利廠商」。

---

19 同註3，頁49。

為了圖利廠商的罪名，兼任經合會主委的蔣經國有一次氣呼呼地找來李國鼎，攤開一桌收集多時的黑函，怒斥李解釋為何圖利廠商？李國鼎答覆表示，為企業解決問題，促進了就業，難道不是圖利人民嗎？他耐著性子，一一算給蔣經國聽：企業可以賺進多少外匯，增加多少就業機會，並坦蕩蕩地表示，他的身家財產可供公開檢驗，沒有不可告人之處。聽完李的解釋，蔣經國不發一語，當著李國鼎的面，把黑函都銷毀了。[20]

　　然而，李國鼎與蔣經國之間的衝突，不是只有一次，他大概是唯一一位敢對蔣經國拍桌子，據理力爭的人。李國鼎在口述歷史中也委婉透露，蔣中正總統過去對他所提的經濟計畫，均很支持，大概報告後就可實施。但是蔣經國與他對財經問題的處理，理念上有很大差異。蔣經國對李國鼎在財經界的人脈與子弟兵，即所謂的KT派，有所疑懼，而且也不認同李的「計畫式自由經濟」的主張。蔣經國堅持物價要平穩，不信任自由市場價格，例如石油危機造成高度通貨膨脹時仍堅持物價不能升高、利率不能提高；蔣經國喜歡投資大型公共建設，例如十大建設，卻又堅持不加稅，不理會預算平衡原則，這些都讓往後擔任財長的李國鼎吃足苦頭。[21]

　　在經濟部長任期內，因公務一年出訪五、六次，參加國際組織會議或雙邊經貿會議，與多國財經首長建立起友誼，對日後我

---

20 張友驊，〈蔣經國臺灣打虎記〉，《南方人物周刊》，2014年8月15日，http://www.nfpeople.com/story_view.php?id=5716。

21 于國欽、林文集，〈李國鼎：推動臺灣經濟、科技奇蹟的舵手〉，《工商時報》，2001年6月1日。

國的十大建設貸款案或國際技術合作有很大幫助；他也勤於拜訪國際大廠，了解新創產品發展趨勢，並結交我國旅外學人，聽取他們對國家建設的意見。他說，因為常出國訪問，留在經濟部內代管業務的副手，也培養了政務官的決策能力，他的主任祕書王昭明即為一例。

王昭明回憶與李國鼎共事的經驗說，李國鼎沒有嗜好，唯一的嗜好就是工作，即使周六日也照常上班，一年接見國內外賓客逾1,000人，閱讀公文逾6,000件，主持或參加會議300場，演講50次至80次，參加晚餐會約200次，工作繁重，非外人所能想像。[22]

李國鼎任職經長四年半期間，臺灣平均年經濟成長率10%，工業生產平均每年成長17.7%，出口成長20%，臺灣經濟正式起飛。李國鼎說，「臺灣自力更生政策顯著成功，證明政府在民國50年代初期的決策正確，否則在1971年退出聯合國時，經濟就會受到很大的打擊。」他在1968年獲菲律賓麥格塞塞獎頒發公務人員獎，距離上一次我國獲此獎的蔣夢麟，剛好十年。李國鼎對這個獎的感想是，1958年的獎是我國的農業和成就為國際所認知，十年後我國再以工業發展成就獲得肯定，被公認為亞洲四個新興工業國家之一。[23]

1969年7月，嚴家淦內閣進行局部改組，原國防部長蔣經國升任行政院副院長，經濟部長李國鼎轉任財政部長，「我個人極

22 同註1，頁172。
23 同註3，頁54。

不願意，但是當局既然一定要我做，也只有盡我的力量，仍抱著虛心學習的態度全力以赴。」[24]

因為與蔣經國關係不睦，因此他的調職，外界有很多說法。有人說，這是李國鼎一向主張以減免稅來促進經濟發展，因此現在調他來掌管財政稅收，讓他了解持家之苦。也有人說，蔣經國故意砍斷李國鼎與KT派的關連，因此把他調去無一人熟識的財政部。但是李國鼎自己後來也想開了，「每個銅幣拿到手中，總有兩面，一面是人頭，一面是數字，我唯一可自傲的，看過人頭，也看過數字，我做過經濟部長，也做過財政部長，因此知道，同樣的一塊錢，財經兩邊的看法完全不同。」[25]

李國鼎雖然不是財稅專業出身，但是憑藉長期累積的行政經驗與學習能力，讓他很快進入狀況，他是政府遷臺以來，任期最長的財長，做了七年，在他任內，建議成立中小企業信用保證基金制度，獲得各部會支持；並建立國庫集中支付制度、讓稅務資料走向電腦化、把沿用自清朝的海關稅則重新整理與國際接軌，這些都是了不起的稅務與關務行政的革新，讓國家的財政管理走向現代化。

李國鼎談到做財長的思維，他說「經濟成長、安定、正義、自由」，就像四隻兔子，一隻狗要同時追捕四隻兔子，最後可能一隻也追不到。當時臺灣仍是開發中國家，因此，他認為，在求富與求均之間，臺灣最迫切需要是先求富，而在求富中，仍要預

---

24 同註3，頁53。
25 同註3，頁54。

防不均，但「預防不均的措施，不能激烈到降低人民求富的意願。」[26] 為了求富，他繼續支持《獎勵投資條例》，並做部分條文的修正，以減免租稅來激勵投資，創造就業，帶動經濟成長。

他並勉勵財政部同仁，「不要做經濟發展的障礙，假如有困難就趕快告訴我，如果法律有瓶頸，就修改法律，辦法有瓶頸，就修改辦法，若是人的話，則人的觀念就要改變。如果不能改變，應該調開原來的工作崗位，這是我做事的哲學。」[27]

另一方面，為了求均，他與賦改會主委劉大中合作，推動《所得稅法》修正，增加富人的課稅累進稅率、改訂營所稅率，並增訂了最低免稅額，但是這項《所得稅法》修正案，當初在立法院也遇到很大阻力，立委嘲諷賦改會是「賦加會」，險險過不了關，後來是劉大中一一到立委家中懇談與說明，最後財政部提出四項提案，才得以在立院過了三項。

他當財長的期間，適逢1970年代能源危機，行政院長蔣經國要他設法穩定物價，並宣布要推十大建設，但又不可加稅支應。對於穩定物價，李國鼎修改《關稅法》，說服立法院授權行政部門在國際經濟情勢劇烈變動下，可以機動調整進口關稅稅率；對於十大建設，李國鼎要負責籌錢，他當時覺得這是好大喜功的建設，在前五年，每年總經費25億美元，其中四成是外匯，六成是新臺幣，他要去哪裡籌錢呢？

在君令難違之下，他硬起頭皮，靠著與沙烏地阿拉伯財長的

---

26 同註1，頁198。
27 同註3，頁62。

私人交情，遠赴沙烏地阿拉伯借來第一筆2,000萬美元的貸款，其餘由外國進出口銀行提供，或是由來臺承包工程的國際廠商結合金融業者提供整套融資計畫。至於新臺幣部分，則發行建設公債，而由於高速公路具自償性，可在通車後收取通行費分年償還，因此李國鼎另編列特別預算，以發行特別公債支付，滿足國家經濟建設的財務需求。總結來說，後來李國鼎也肯定十大建設的重要性，否則不會如此費盡思量為國家建設籌錢，而依據長年在經安會、美援會、經合會、經設會、經建會等階段與李國鼎共事的葉萬安說，「十大建設是誤打正著的措施。」[28]

然而，長年累積的公務壓力令李國鼎在1975年底因心肌梗塞而病倒，休養了兩個月，在1976年初，大病初癒銷假上班，李國鼎和蔣經國又為了糧價波動與鹽稅調整而爭執不下。蔣經國堅持要實施稻米保價收購，財政部持反對立場，因為高價收購稻米固有收攏民心之效，但財政上必將因實質鼓勵農民擴張種植而形成無底洞。為了這個堅持，財政部次長王紹堉先遭行政院免職，再加上為了鹽價漲價問題，李國鼎與蔣經國意見相左，糧鹽司長張清治又被免職，李國鼎於是在1976年6月9日辭去財政部長職務，展現了高度的風骨。

李國鼎請辭財長後，蔣經國仍設法把他留在內閣中，改聘為不管部會的政務委員，並兼國科會與經建會的委員，但不再主管財經事務。令李國鼎覺得費解的是，他辭去財長後，蔣經國對他

---

28 同註1，頁216。

的態度卻有180度的轉變，十分禮遇，並在適當的時機，將他的建議付諸實施，李尚感安慰地想，蔣經國還是有把他的話聽進去。

後來，蔣經國在行政院會中宣布，任命他擔任新設的應用科技研究發展小組的召集人，負責協助推動臺灣工業升級。閒不住的李國鼎，對這個新任命，「感到十分興奮。」[29] 李國鼎對於發展科技產業的思考，不是僅有一個點或是一條線，而是建立一個足以孵育科技產業的環境，從政府行政與資金支援、建構硬體與軟體基礎、培育人才、引進創投、成立重點科技公司等多面向前進，他的規劃能力，不僅是在當時，即使在現在，依然無人能出其右。

他在1978年召開第一次全國科學技術會議，選定能源、材料、資訊通信、自動化為政府優先支持的四項重點工業。稍後，蔣經國在1978年出任總統，任命孫運璿組閣，雖然有意請李國鼎重掌經濟部，但李國鼎思及他與蔣在財經理念上的極大差異，以心臟不好為由婉拒。孫運璿比李國鼎小三歲，出身電機工程師，很敬重李國鼎，兩人對發展科技產業頗有共識。因此在孫運璿鼎力相助下，在行政院會通過李國鼎所提的「科學技術發展方案」，該方案具體作為有三項，第一是在臺灣沒有資訊產業的情形下，於1981年成立新竹科學園區，不過幾年光景，不僅是臺灣，也成為全球科技產業發展的重鎮。

---

29 同註1，頁220。

其次，設立行政院科技顧問組，並設外籍科技顧問小組，成員包括洛克菲勒大學校長賽馳、德州儀器創辦人海格提（Haggerty）、IBM副總裁艾凡思、貝爾實驗室副總裁麥凱義、法國科技部長艾格漢等人，他們都是總統顧問或是國家科學院士的層級，在李國鼎的熱情邀約下，來臺擔任科技顧問，而且是不支薪，只有在來臺出席年度會議時，政府給付車馬費與膳宿費，他們全因李國鼎個人關係而來。當時臺灣與美國斷交不久，李國鼎總是在思考，如何繼續向美國取得技術密集工業的技術？因此藉由外籍科技顧問小組的成立，以便與先進國家維持交流。

為了檢討科學技術發展方案的成效，李國鼎在行政院支持下，在1982年11月底的全國科學會議，決議再增加生技、光電、食品與B型肝炎控制等四個重點科技，現在來看，李國鼎在當時就看出生技產業發展的潛力，而要發展新興產業，最重要的是人才。李國鼎在1983年研擬了「加強培育及延攬高級科技人才方案」，對國內高科技人才培養及海外人才引進起了莫大的作用，尤其國防役制度很受產業界歡迎，均源自於這項方案。

在1973年，孫運璿於經濟部長任內已設立工研院，做為帶動科技產業研發的法人機構，但是科技產業的發展，還需要更進一步的普及，才能創造市場。因此，李國鼎邀請辜振甫等工商業人士認捐7,600萬元，再加上經濟部預算5,000萬元，在1979年成立「資訊工業策進會」，協助推廣電腦化、訓練資訊軟硬體人才、蒐集分析國內外資訊產品與市場趨勢情報，為資訊業快速發展奠定良好的基礎。他認為，如果沒有資策會的推廣教育，臺灣

資訊業很難在短期內突飛猛進。

　　臺灣的電子產業人才許多都是李國鼎培育出來的，在1976年，他與國科會發起一個大型電子計畫，支持臺大、交大、清華、成大分別研究製造積體電路各階段不同的技術，其中交大的工作與積體電路的生產有很大的關聯。後來，工研院電子所成立，交大教授胡定華被聘為電子所所長，交大學生跟著到電子所做研究，然後這些學生離開電子所到民間創業，技術也就移轉到民間。[30]

　　當時，李國鼎看好半導體產業的發展，但是科學園區內的積體電路公司僅能生產三吋至四吋的晶圓技術，很難在國際競爭中取得優勢，因此他希望以國家資源成立一家超大型的積體電路製造公司，在1986年，他說服時任行政院長的俞國華成立臺灣積體電路公司，延攬張忠謀回國服務，並為臺積電籌措資金，臺灣的半導體工業也才能在世界上佔有一席之地。

　　李國鼎在其口述歷史中，詳細記載了這段經過。1968年，李國鼎任經濟部長時，在德州儀器主管全球積體電路事業的張忠謀，為了德儀在亞洲的投資，來臺勘察投資環境，在李國鼎的協助下，排除了投資障礙，讓德儀順利在臺設廠，引進當時最先進的晶圓元件包裝技術。李國鼎轉任財長後，多次出訪美國，仍期望為國內引進新技術，而德州儀器是他必去之地，目的是拜訪德儀董事長海格提與副總裁張忠謀，了解產業動態。

---

30 同註1，頁234-238。

李國鼎轉任政務委員後，商請閣揆孫運璿出面邀請張忠謀來臺灣參訪科技發展環境，張忠謀參訪後，很認真地提了一份長篇報告。孫運璿看了之後，立即邀請張忠謀返國擔任顧問，但是張忠謀考慮自己在德儀的股票選擇權尚未到可處分的時間，如果立刻離開，就有財務損失，因此並未答應。一直到1984年，張忠謀轉任通用器材公司總裁，工研院董事長徐賢修三次赴美拜訪張忠謀，請他返國主持工研院，張忠謀為他的誠懇打動，終於決定接受邀請來臺。未料，來臺兩星期後，李國鼎託付給他的重任不是工研院長，而是一個嶄新的科技公司。

　　李國鼎說，當時有很多半導體專家從美國回臺，他們有設計與製造的技術，但是沒有資本。半導體工廠所費不貲，政府不可能人人有獎，唯有以公民合資方式，成立一個超大型積體電路製造公司，請張忠謀主持。

　　除了找人，李國鼎也要想辦法找錢。李國鼎建請行政院開發基金投資一億美元，再請荷蘭商飛利浦及其他民間投資人，參與投資，在1987年共同創立臺灣積體電路製造公司，由此開創了臺灣半導體產業的傳奇。[31]

　　回顧所來徑，當時內閣有許多人對李國鼎的看法有所懷疑，認為應該再請國外顧問公司精估，包括英特爾及摩托羅拉都不看好臺灣發展臺積電，而蔣經國也數度召見李國鼎質問，但是總是說不過李，而終於同意讓他放手一搏。因此，張忠謀曾說過「沒

---

31 同註1，頁238-240。

有李國鼎，就沒有臺積電」。[32] 李國鼎讓資訊工業在臺灣生根，因此被譽為「臺灣科技之父」。

　　李國鼎在1988年7月，政府遷臺後，工作四十年，以近八十高齡申請退休，政府改聘為總統府資政，接著展開退而不休的生活，對國家的熱情一如往昔。1991年，臺南關係企業吳尊賢先生發起成立「李國鼎科學技術發展基金會」，推動人才培育與國際交流。雖然沒有正式的公職，他仍配合政策，出席重要國際會議，介紹臺灣經驗，臺灣經驗獲得國際肯定，亦代表他終身為臺灣殫精竭思的努力獲得肯定。包括母校中央大學、韓國成均館大學、美國馬里蘭等國內外十所大學頒贈榮譽博士給他，美國哈佛、史丹佛大學設有李國鼎講座，英國劍橋大學伊曼紐學院並頒給他榮譽院士，都希望他的經驗能夠傳承後世。

　　李國鼎的臺灣經驗也受到海峽對岸的重視。南京的東南大學自1993年起，為他撰寫及整理《國鼎全集》，多達15冊，獲得北京當局的重視。1993年6月，副總理朱鎔基透過世界銀行邀請李國鼎前往大連市，參加世銀舉辦的「中國宏觀經濟革新研討會」，李國鼎以「臺灣經濟發展的成果與面臨的問題」為題發表演說，他強調，兩岸科技能力各有所長，應加速推動科技交流，並在市場、投資、人力進行結合。

　　隨後，朱鎔基在北京會見李國鼎，聽他暢談九十分鐘關於中國經濟改革的建議。中共國家主席江澤民在中南海會見李國鼎，

---

32 王成聖，〈一代國士李國鼎〉，《李國鼎先生紀念文集》，李國鼎科技基金會，2002年出版，頁107-126。

江澤民向李國鼎請教臺灣早期農村發展的經驗及處理中央與地方財政收支劃分法，雙方會談兩個鐘頭。事後證明，朱鎔基全盤接受李國鼎的建議，日後並高升為總理，大陸經濟也逐漸脫胎換骨。在1998年7月，中國科技部長朱麗蘭來臺訪問，她特別表示，朱鎔基有交代，「一定要代為致謝李國鼎先生。」[33]

李國鼎退休後，在回顧與自省過程中，覺得過去在推動臺灣進步的過程中，經濟發展很快，但是倫理道德卻沒有跟著現代化，使得政府與社會問題叢生，存在著「經濟進步、道德落後」的現象，他很遺憾未能及早發覺這個問題的存在，因此提倡在中國傳統的五倫「君臣、父子、兄弟、夫婦、朋友」之外，再建立第六倫：群己關係，希望可以匡正社會脫序現象。但是這項提議並未獲得迴響，在臺灣的政商界，爾虞我詐，你爭我奪，令李國鼎很失望。

但是他並不絕望，一有機會，就宣揚他的理念。他在1983年3月於中央大學週會發表演講時說，進步的過程，總要在大家還沒有注意時就出來講，即使初時沒有人願意聽，慢慢地，等輿論響應時，阻力就少了。民主社會裡，社會都接受了一個觀念，政府行動就可以快一點，自然就會消除無力感，所以最後成功仍歸於全社會。

對於青年學子，李國鼎寄望很大，一有機會就殷殷地分享自己的經驗，他曾在中大週會中演講表示：「人生必須要有一總目

---

33 同註29，頁114。

標，有了目標，所學才能與之配合。」當初他也是大學畢業後出國留學，但是同學們有共識，在國內工作一、兩年，有工作經驗後再出去，先知不足，再去學習，比較容易合乎國家的需要，「我們學物理的，多半在學校教書或研究一、二年，再出國。……學個方法後，立刻回國去做研究或工作。一個國家要求學術獨立發展，青年人必須要有這樣的志向，把國內學術水準提高到國際水準，才能進入開發國家，大家如能從自己做起，國家自然前途光明。」

「新加坡總理李光耀說過，只有在國外逃難的越南人和高棉人才知道國家的可貴，海上流淚的人是多麼的悲慘。今天我們還算幸運，有這個寶島作為發展基礎，我們都有責任與義務，把國家建設起來。」李國鼎對著他的中大學弟妹們說道，「今天我把我一生的求知過程和經驗告訴你們，更願把這樣的心志傳達到每個青年人的觀念裡。」[34]

在 2001 年 5 月 31 日，李國鼎以九十二歲高齡溘然長逝於臺北。其公子李永昌在追念文集中提及，即使在最後一年，「家父仍盡量抽空接見來訪人士，特別會要求我們安排一些社會人士敘餐或談話，聽到社會的許多困擾則常勉勵切勿灰心，對一些新鮮事物則甚喜。」[35] 這種無私無我的碩德仁風，實在令人感動。

李國鼎的老部屬王昭明說，「社會上對國鼎先生的稱譽多集

---

34 同註3，頁69-70。
35 李永昌、陳幼菁，〈感念的心〉，《李國鼎先生紀念文集》，李國鼎科技基金會，2002年出版，頁31-32。

中在經濟建設和科技發展上，但以我追隨他近半世紀的觀察，他除了有上述成就外，實在堪稱公務員的典範而無愧。國鼎先生有機會成為卓越的物理學家或大學教授，結果他當了一輩子的公務員，對這個職業熱誠無比，專心以赴，而他個人終生過著簡樸的生活，怡然自得。我們緬懷國鼎先生，不但居住在臺灣的人，應感謝他對這一塊土地的奉獻；對對岸的中國人，也是一個深刻的啟示。」[36]

36 王昭明，〈公務人的最佳典範——國鼎先生〉，《李國鼎先生紀念文集》，李國鼎科技基金會，2002年出版，頁154-155。

參考文獻

王成聖，2002，〈一代國士李國鼎〉，收錄於《李國鼎先生紀念文集》，頁107-126。臺北：李國鼎科技基金會。

王昭明，2002，〈公務人員的最佳典範——國鼎先生〉，收錄於《李國鼎先生紀念文集》，頁154-155。臺北：李國鼎科技基金會。

王昱峰，2002，〈青年李國鼎「劍橋經驗」（一九三四～一九三七）對「臺灣經驗」的啟示〉，《歷史月刊》172: 55-62。

李永昌、陳幼菁，2002，〈感念的心〉，收錄於《李國鼎先生紀念文集》，頁31-32。臺北：李國鼎科技基金會。

李國鼎，1997，《我的臺灣經驗》。臺北：天下文化。

林文集、于國欽，2001，〈推動臺灣經濟、科技奇蹟的舵手——李國鼎〉，《工商時報》，2001年6月1日。

康綠島，1993，《李國鼎口述歷史：話說臺灣經驗》。臺北：卓越文化。

李國鼎家書，http://ktli.sinica.edu.tw/letter/letter1.html。

張友驊，〈蔣經國臺灣打虎記〉，《南方人物周刊》，2014年8月15日，http://www.nfpeople.com/story_view.php?id=5716。

劍橋大學卡文迪西實驗室網頁，http://www.phy.cam.ac.uk/history/nobe。

報人典範余紀忠

張慧英

中央社副社長兼總編輯

　　能夠在一個行業裡成為成功的領導者，不容易；能夠在一個行業裡成為典範人物，更是鳳毛麟角。《中國時報》創辦人余紀忠先生，便是以數十年歲月投注新聞事業，同時體察時勢推動民主改革，因而成為一代報人的典範。

　　1910年4月16日，余紀忠出生在中國大陸江蘇省武進縣的常州。1923年他從武進縣武陽小學畢業後，進入南京東南大學附屬中學就讀。1928年，余紀忠進入東南大學改制後的中央大學就讀歷史系，也開始接觸國父的三民主義理念，從此一直是忠貞的國民黨員。

　　生於清末最後一年的余紀忠，成長在民國初建、軍閥割據的動盪年代，目睹著不斷的兵馬倥傯與民不聊生，因此有強烈的家國與民族意識。1932年1月28日淞滬事變爆發，一心報國的余紀忠毅然投筆從戎，隨軍開赴吳淞抗日，戰事結束後始返回常州。

愛國青年勇赴國難

　　他認為知識為救國之根本，於是在1934年前往英國，就讀於倫敦政經學院，師從著名的政治學大師拉斯基。但中國大陸戰

火再起，1937年七七事變爆發，對日抗戰全面展開，余紀忠再度擱下學業，兼程返國投入抗日，也開啟他人生第一階段的政治生涯。

1938年中央軍校西安第七分校成立，他獲派任為政治部副主任，1940年兼任蘭州西北幹部訓練團教導部主任，接著又轉任三民主義青年團中央團部宣傳處副處長。1943年出任青年軍第二○三師政治部主任，而當時青年軍政治部主任是蔣經國。自此之後，余紀忠一直深受蔣經國倚重。

才幹、學識與膽識兼具的余紀忠，很快就展現領袖氣質。1946年他被派赴東北，一口氣出任東北行營政治部主任、東北保安司令部政治部主任及國民黨中宣部東北特派員。他還奉蔣中正之命，帶著幾位弟兄，冒著生命危險進入當時由蘇軍佔據的瀋陽圍城，而且大膽跑到蘇軍司令部交涉，竟順利成立中蘇聯誼社與《中蘇日報》，首度將國民政府的聲音傳入東北。那是他辦的第一份報紙，也是當時全中國設備最好的報紙。

但是，抗戰雖然終獲勝利，大陸情勢卻迅速惡化，東北易幟，河山失手。1949年大陸淪陷，國民政府撤退到臺灣，余紀忠也舉家遷臺。當時孑然一身的他對政治失望至極，眼見國家動盪飄搖，物價一日數易，於是決定另闢蹊徑，以辦報實現言論報國的職志，便於1950年創辦了《徵信新聞》。重新再起的他，以報人的身分，自此展開了人生第二個階段。

他曾經自剖心境：「我是在民國38年國家遭逢重大變故之際，深受感觸而決定改變生活，不計後果要辦一份反映時代變

遷、針砭社會弊病、策應中國未來的報紙。」他更在創報之初向讀者宣示：「辦報最高的原則，就是要在任何關鍵時刻，發揮無私無懼的報人本色，為時代做見證，為歷史留紀錄。」

往後的每一天，他都信守著對讀者的這個承諾。

領航媒體發展

最初的《徵信新聞》，不過是一張四開的油印報，內容以財經物價為主，第一天才賣了十幾份。當時物價波動嚴重，《徵信新聞》因為物價報得準，還博得「鴨蛋報」之稱。

在艱困的物質條件下，余紀忠帶領同仁夜以繼日全力以赴，在兢兢業業的努力中，這份小報逐漸打開市場，讀者和廣告增加了，內容也日趨豐富，1955年起還增加了「人間副刊」，成為日後引領文化思潮並發掘人才的重鎮。

《徵信新聞》在1960年改名為《徵信新聞報》，從財經報轉型為綜合性報紙。1968年3月改為彩色印刷，是亞洲首份彩印報。在第一份彩印報上，余紀忠提出了他對新聞事業的理念：

> 報紙的印刷，不論好壞如何，終究是外形的軀殼，報紙真正的價值，是存在於它有沒有靈魂和特有的精神。我們過去從平地中起來，主要原因不是由於我們有好的設備，而是由於我們沒有辱沒了新聞的價值。
>
> 我們既獻身新聞事業，我們既有心想辦好一張報紙，我們便

當念念不忘於報人的神聖天職。我願在未來久長的年月中，我們報紙的同仁，下筆落墨，都能循著一條路線：愛國家，愛真理，辨別人間是非善惡，為支持正義而發揚報人的人格與報紙的尊嚴。

1968年9月，《徵信新聞報》更名為《中國時報》，選擇這個名字時，余紀忠是以他最景仰的《紐約時報》為標竿。1978年3月《時報周刊》創刊，首開國內大八開綜合性雜誌型態，也帶動雜誌界的跟進風潮。同年12月，以財經為焦點的《工商時報》創刊，1979年再發行《時報雜誌》，1988年並開辦《中時晚報》；1995年中國時報全球資訊網（中時電子報的前身）正式上網，首開國內媒體邁入網路之先河。

持平而言，余紀忠能建立時報集團，相當程度上也靠其政治關係之庇護。1951年起政府以「節省紙張」為由，停止新報紙的登記，現有報紙則限制在三大張以內。因此嚴格管控了報紙的生存環境，若不是官報或黨報，就是與國民黨關係密切的民營報紙，真正獨立的只有《自立晚報》等少數報紙，而主要兩大民營報紙的負責人，中國時報系余紀忠、聯合報系王惕吾，都是國民黨中常委。

因此形成了報業市場半壟斷的狀態，當時雖有競爭，但不若後來報禁開放後廝殺得那麼激烈。而且只有三家電視台（台視、中視、華視），電視新聞內容受到嚴格控制，報紙因此成了民眾最重要的資訊與廣告平台，《中國時報》發行量最大時曾經達到

百萬份，這也強化了余紀忠的政治分量與影響力。

余紀忠全心投入辦報，在他領頭衝刺下，《中國時報》報份不斷成長，曾經是全臺灣第一大報，1982年美國發行稽核局（ABC）宣布，《中國時報》每日有費報直銷數量突破一百萬份，創下臺灣報業紀錄。

不過，政治有時也會帶來負面衝擊。隨著新報紙與雜誌的成立，時報家族成員日漸增加，媒體集體的規模與影響力不斷提升。余紀忠接著跨足海外，1982年《美洲中國時報》創刊，但沒過多久，卻遭遇到了意想不到的挫折。

1984年洛杉磯奧運期間，《美洲中國時報》大幅報導中國大陸選手得獎的新聞，這是全球華人關注且同感驕傲的新聞，但因為當時國內對大陸新聞嚴格設限，正面消息被視為「為匪張目」，因此他遭到黨內保守勢力的砲轟。

其實背後的遠因，是中時一直採取比較開明並支持民主的路線，黑函、小報告隨之而來，《中央日報》甚至撰文指控《美洲中時》「掉進紅色的陷阱」，國民黨中常委更在中常會裡痛批。1984年10月江南案爆發，《美洲中時》詳細報導，又引發軒然大波，終於招致空前的政治壓力，最後余紀忠決定停刊。這對他來說，是一次非常沉痛的挫折。

民主改革的推手

余紀忠之所以受到社會敬重，而且在逝世後被評價為「報

人」的典範，不只是因為他打造了一個頗具規模與影響力的報業集團，更重要的，是他在臺灣民主改革的推進過程中，持續積極鼓吹提出建言，更在多次關鍵時刻發揮了歷史性的角色。

例如，民國47年政府提案修改《出版法》，賦予行政機關不經司法程序，即可讓報刊罰鍰、停刊或撤銷登記的處分權力。當時《徵信新聞》率先表達民營報紙反對的立場，也接連以社論指責這項修正草案違反憲法精神，扼殺新聞自由。

民國49年，發生了震撼政壇的雷震案。雷震與在野人士公開反對蔣中正連任、主張成立反對黨，還籌組「中國民主黨」。在戒嚴、黨禁的政治箝制環境中，這當然是一個直接挑戰集權體制的強烈舉動，雷震等人以涉嫌叛亂的罪名遭到逮捕，而叛亂罪的下場往往不是死刑就是送綠島。

國民黨政府整肅異己壓制民主的手法引發海外嚴重非議，在余紀忠大膽堅持理念下，雷震被捕三天後，《中國時報》在社論中提出嚴正批評。雖然雷震仍被判刑十年，但余紀忠也留下了批判之聲。

臺灣社會隨著時代的發展而逐漸蛻變，對民主改革的渴望開始萌芽，反對派人士也藉由選舉等管道爭取政治參與。民國68年12月10日在高雄爆發了美麗島事件，是本土反對運動的一個重要里程碑。《中國時報》當時對事件過程，以及之後引發國內外矚目的美麗島大審，都作了大篇幅詳盡的報導，庭訊答辯過程全部呈現在讀者眼前。余紀忠更以社論呼籲「哀矜勿喜，法外施仁，為國家保元氣，為民主存生機」。

前民進黨主席施明德當時被判了死刑，但余紀忠私下向蔣經國總統建言：「用殺不能解決問題，臺灣不能再流血了。」此外，對於當時曾經有人主張實施軍事統治，余紀忠規勸蔣經國慎思，蔣經國也表明絕不實施軍事統治。

余紀忠有濃厚的自由主義知識份子情懷，也多次對異議人士提供聲援或支持。柏楊在民國 66 年重獲自由後仍然處處碰壁，但余紀忠不怕惹麻煩，公開邀請柏楊參加中時的活動，更在副刊開闢柏楊專欄。民國 71 年警備總部對陶百川發動圍剿，因為他經常鞭辟時政，警總欲藉人格抹黑來打壓他的影響力。《中國時報》知道這個消息後，警總全面封鎖新聞，高層壓力也對著余紀忠排山倒海而來。

那個時代，報紙經常接到警總、國民黨文工會的電話，要求不得刊登某則新聞，而余紀忠總是必須在新聞良知與政治現實之間拉鋸，有時必須妥協，但也多次扛起壓力並力挺同仁報導。《中國時報》不顧阻擋，獨家批露這則消息，最後讓警總圍剿陶百川的計畫不了了之。

民國 75 年 9 月 28 日，黨外人士在圓山飯店宣布成立民主進步黨，讓臺灣民主運動邁入新的階段。不過，在戒嚴與黨禁之下，這是不合法的行動，臺灣所有媒體都不敢報導這則新聞，除了《中國時報》。余紀忠不顧強大的政治壓力，堅持報導這則新聞，並以社論對民進黨提出期許。事後他自述：「我考慮到，此一事件關係臺灣民主前途至鉅，便立即親自電告政黨決策人士，本報本著一貫原則，和對社會大眾與未來歷史負責，決定做忠實

之報導。」因為見了報，這件劃時代的政治動作不可能再被抹滅，臺灣從此進入了政黨政治的時代。

「創黨元老」之一的前民進黨主席謝長廷曾經表示，當時他們很擔心民進黨成立的新聞會被封鎖，而參與的人會和雷震、美麗島事件主角一樣，面臨一場災難。但只要有一家媒體敢報導「民主進步黨」這五個字，即使他們被抓，那一年年底的選舉，也一定會有人舉著民進黨的旗幟繼續奮鬥下去，不過他們對媒體是不是會報導毫無信心。

沒想到第二天，《中國時報》不但忠實報導這個消息，還用社論對民進黨提出期許，謝長廷表示：「如果民進黨成立的消息被封鎖，那麼民進黨的歷史、臺灣民主化的歷史都可能會不一樣了。《中國時報》此舉，可以說是歲末寒冬才知松柏之後凋，這也印證了余紀忠先生對民主政治、對推動臺灣民主化的堅持。」

接下來，余紀忠又在另一個歷史關鍵時刻扮演了重要角色。

蔣經國在民國77年1月13日逝世，按體制，由副總統李登輝繼任，他也因此成為第一位本省籍總統。但真正的政治實權在黨、軍，蔣氏王朝統治臺灣半世紀，國民黨的傳統勢力核心，不願平白將政治大權交給一個與國民黨淵源不深的本省人，阻止李登輝接任黨主席的力量鋪天蓋地而來。

1月27日的國民黨中常會原本要推舉李登輝為代理主席，但前一天晚上，蔣中正的夫人宋美齡女士出面介入，寫了一封信給當時的國民黨祕書長李煥，希望暫緩推舉代理主席，等7月十三全會——也就是半年後——再行選舉。

當天中常會剛好輪到余紀忠當主席，李煥接到信就和余紀忠、當時的行政院長俞國華等人商量。雖然蔣夫人親自出手非同小可，但余紀忠認為黨主席虛懸半年，明擺著是不想讓首位本省籍總統接掌權力，這對臺灣政局穩定、民主發展與族群關係都有負面衝擊，他因此在凌晨致電俞國華，堅持絕不可以暫緩推舉代理主席。

　　27日當天此案沒有列入議程，但余紀忠和李煥等人已經先商議好，要在會議最後以臨時提案方式提出。不過會議開到一半，副祕書長宋楚瑜突然起身慷慨陳詞，抗議擱置代理黨主席推舉案，接著掉頭退席。

　　在眾人錯愕中，余紀忠按照原本的計畫，發言表示此案敏感重大，影響極為深遠，為免社會紛亂、造成族群間之誤會，他主張中常會應予積極考慮。其他中常委於是也紛紛表達支持，最後在驚濤駭浪中，順利通過了關係我國政治發展甚鉅的這項人事案。李登輝接任黨主席至此已成定局，反對勢力再不滿，也難以強行推翻。

　　許多人都以為宋楚瑜的臨門一腳讓李登輝取得黨主席寶座，其實，真正協商各方、果敢決斷，在關鍵時刻通過代理黨主席提案的是余紀忠。他與李登輝其實並無私交，但對時勢潮流深有體悟，認為機運既讓李登輝這位本省人繼任總統，其實對臺灣民主政治也是良性發展，不應逆勢阻撓而致社會動盪、族群緊張。

　　余紀忠有強烈的愛國情懷，並且在許多方面身體力行，「瓊斯盃國際籃球賽」便是一例。民國60年，我國被迫退出聯合

國，也連帶被聯合國所有周邊組織排除；接著美中發表上海公報，日本與中華民國斷交，臺灣外交日陷孤立。奧運會、亞運會、國際籃球總會等主要國際體育團體也紛紛取消我國會籍，禁止我國參賽。

由於余紀忠本人很喜愛籃球，他在民國65年被推舉為中華民國籃球協會理事長後，全力推動恢復我國在國際籃總的會籍，與籃總祕書長威廉‧瓊斯頻頻交涉，終於說動對方同意臺灣可以參加或舉辦邀請賽與訪問賽，並且同意在臺北創立瓊斯盃國際籃球賽。從此，瓊斯盃籃球賽成了臺灣民眾共同的成長記憶，也激勵大家面對外交孤立的歲月。

推動兩岸和解交流

論統獨立場，余紀忠被歸類為統派，這確實是他的信念。對成長於動亂中國的他，民族血緣是不能或忘的根本，因此他為《中國時報》揭示的社訓，是「開明，理性，求進步；自由，民主，愛國家」，而《中國時報》的使命，是「政治民主，民族認同，安定大局」。他曾經在民國84年時報社慶時親筆寫下以上辦報宗旨與新聞使命，並期勉「我希望國人要有民族的大愛，政府施政要以民意所歸為基礎，從而建立二十一世紀中前途無量的新中國。」

余紀忠對兩岸統一的期待，是基於民族大義，希望兩岸能夠和平統一，共創一個新中國的光榮未來，其考量超越了眼前政治

體制與主權的衝突。因此時報集團始終抱持反對臺獨的立場，他本人也是李登輝總統的國家統一委員會成員，也積極鼓吹兩岸開放交流。最早來臺採訪的大陸記者，就是《中國時報》在民國80年邀請的新華社記者范麗青和中新社記者郭偉鋒。

他曾經提出「中華邦聯」的構想，作為重納兩岸為一家的模式。民國88年他走訪大陸故鄉，曾在釣魚臺賓館與當時中共國家主席江澤民會晤，兩人深談近兩小時，對兩岸關係交換意見。

當時，江澤民表示，統一的問題不能無限期推遲下去，余紀忠則回道，大陸似乎有以「一國兩制」和「中華聯邦」兩者並行的考量，但二者「都是做不通的」。並且建議「大陸方面承認臺灣國際生存空間的需要，採取外交休兵，停止打壓；而臺灣則取消戒急用忍政策，開放三通，進一步加強經濟合作。」雙方建立互信機制，即可邀請臺灣領導人訪問大陸，簽訂兩岸和平協定，繼而形成互利共榮的中華經濟圈。在這樣的發展下，他認為，「兩岸可在平等的基礎上，互以兄弟之邦對待，逐步實現『中華邦聯』的目標。」

不過，兩岸關係在李登輝總統提出「兩國論」後陷入急凍狀態，海基海協兩會協商機制中斷。接著民進黨的陳水扁在2000年當選總統，國民黨痛失江山，兩岸關係也進一步陷入谷底。國民黨的馬英九在2008年當選總統，兩岸和解交流才重新啟動。遺憾的是，這樣的正面變化，余紀忠未能親眼得見。

余紀忠與夫人余蔡玉輝女士鶼鰈情深，育有余範英、余啟成、余似華及余建新四位子女。晚年余紀忠罹患肝癌，在與病魔

奮戰的同時，仍然以一貫的鬥志，持續投注於新聞工作。

　　2001年，在《中國時報》五十一週年社慶上，他正式宣布退休，由余建新接任中時報系董事長。2002年4月16日，余紀忠病逝，享壽九十二歲。他在新聞工作崗位上，可謂堅持到了最後一刻，也在歷史扉頁留下典範身影。而他的辭世，標誌著一個報人時代的結束。

先天下之憂而憂的一代巨筆——王作榮

于國欽

《工商時報》財經要聞中心副主任

「十年以後當思我，舉國如狂欲語誰，世界無窮願無盡，海天遼闊立多時。」2007年5月王作榮出席時報文教基金研討會，上台致詞時以此詩開場白，這是民國初年梁啟超反袁世凱稱帝所寫下的詩句。王作榮表示自己不擔心政治腐敗，但卻擔心那個讓社會不致墮落的文化精神正在消失，他呼籲知識份子應該效法梁啟超、范仲淹站出來講話。

這就是王作榮，2007年他已是高齡八十八歲，但談起國家社會的處境，仍是熱血澎湃，仍是意志昂揚。他說，中國自秦以來曾在元、清兩朝接受外來民族統治，也曾在魏晉、南宋兩個年代出現大分裂，在這些年代貪污腐敗情況無法形容，領導人的荒唐也達到極限，但中華民族還繼續存在，為什麼？因為社會沒有墮落、人民沒有徹底墮落，所以民族還存在。

何以社會沒有墮落？王作榮說：「我思索了很久，最後終於明白了，是因為我國文化中有一種復興的種籽。那麼何以我們的文化會有復興的種籽？因為這個民族有知識份子支持這個文化，只要文化不腐敗，社會便不會徹底腐敗，國家民族便可以繼續存在。」每次國家危難時，知識份子（士）便會出現，范仲淹、顧炎武、梁啟超都是榜樣，梁啟超當年在報紙寫評論對抗袁世凱稱

帝便是標準的「士」。

王蔣經濟論戰，風靡全臺

　　王作榮自己就是這樣一個士，1981年「王蔣大戰」讓他成為家喻戶曉的經濟學家，那些年全球爆發第二次石油危機，國際油價大漲導致臺灣在1980、1981年出現19.0%、16.3%的高通膨，國內放款利率升至16%，王作榮主張在這一特殊的大環境下，升息並非抑制通膨的有力工具，央行不宜大幅升息，否則將會窒息經濟活動。而中研院院士蔣碩傑的看法恰好相反，他認為降息放寬對工商界融資是佔一般存款者便宜的「五鬼搬運法」，他批評這只是頭痛醫頭腳痛醫腳的治標藥方。

　　這場筆戰分別見於《中國時報》、《工商時報》及《中央日報》，為近半世紀難得一見的高水準論戰，至次年8月更由《工商時報》進行一場經濟政策辯論，台視全程錄影播出，創下高收視率，讓經濟學說從教科書走入實際生活，大家也開始明白升息、降息箇中的道理。

　　王作榮在1981年4月筆戰期間發表〈經濟學說與經濟現實〉，在結語裡寫道：「任何學說必須出自現實，也必須能適用於現實，否則空說而已，不足貴，更不足取。當前的病是一個自然資源短缺與價格機能僵硬的長期病，不易解決，我們必須做長期的應付。」這段談話正是他一生治學的態度，他雖受嚴謹的經濟學理訓練，但卻不被理論框架束縛，不論是在美援會、經合會

任職期間所提的報告，或在《中國時報》、《工商時報》所撰寫的社論專欄，總能切中時弊，長或萬言，短或千字，皆對臺灣經濟產生了莫大的影響。

「十九點財經改革措施」：臺灣經濟轉型關鍵

今天大家熟悉的《獎勵投資條例》，正是源於 1959 年王作榮所草擬的「十九點財經改革措施」，《獎勵投資條例》1960年公布實施，藉由法規鬆綁、降稅等措施，讓臺灣得以在美援終止下繼續引進資本，使得臺灣經濟於隨後十年起飛，贏得亞洲四小龍美譽，《獎勵投資條例》實施三十年讓臺灣的人均所得由不到 200 美元升至 8,000 美元，對臺灣經濟影響極為深遠。

十九點財經包括加速資本累積鼓勵國人儲蓄、建立良好的資本市場、改善民間投資環境以讓民營企業有充分之活動自由、給予企業租稅及資金融通的便利與優惠、設立公用事業費率委員會以謀求訂定合理的費率、推行績效預算制度、公務員薪給太低但卻有種種變相津貼應調整薪給而取消津貼福利、軍費支出宜加強稽核、建立中央銀行制度俾進一步對信用做適當控制、所有辦理存放款業務之機構一律納入銀行系統、各銀行業務依其性質嚴格劃分並由政府依照《銀行法》嚴格監督、建立單一匯率制度並盡量放寬貿易管制以恢復新臺幣之能自由匯兌、簡化出口結匯手續以謀求出口進一步擴展等十九項。

《臺灣經濟發展之路》獲老總統採納

1960年王作榮任美援會參事及經濟研究中心主任，隨著美援終止，美援會改組為經合會（行政院國際經濟合作發展委員會），任第三處處長，次年撰寫《臺灣經濟發展之路》。在這本小冊子裡，他指出經濟發展需要政治家移轉社會風氣，建立典章制度，其次要改革行政建立文官制度，其三提出財政金融改革建議，其四提出經濟發展必須有長遠目標，其五要求徹底改變外匯貿易政策。而要讓臺灣的生產力提高有賴人才及科學，因此他最後提出教育與科學發展的改革建議，建議延長普及教育至九年、廣泛設立職業學校、撥相當數量經費充實高級科學研究機構。他在結論中寫道：「這些建議的唯一要求是有權力的官員們一念之轉，接受現代的觀念，拿出勇氣來做，不要再像過去一樣，以這是書生之見、不懂實際政治而束之高閣。」

《臺灣經濟發展之路》原是王作榮總結過去十年發展工作的心得，告別公務生涯的紀錄，自己出資印成小冊子，此文後來被蔣經國看到大為激賞，轉送總統蔣介石閱讀。1967年6月蔣介石在國安會議上以「國家建設的方向和準據」為題演講表示：「我最近看到王作榮君所寫的一篇《臺灣經濟發展之路》，他這一小冊所提的意見，可以說我是百分之八十都贊成的。」原本只是王作榮告別公務生涯的紀錄，一時成為人人爭相閱讀的熱門讀物，洛陽紙貴，經合會遂正式出版本書，計有普通版、大字版二種版本，王作榮隨後晉見總統報告這本書的建言，這本小冊子上的建

言多數被當局採納。

擔任《中國時報》主筆及《工商時報》總主筆

　　隨著這本三萬七千字的《臺灣經濟發展之路》獲得各方好評，1964年《中國時報》的前身《徵信新聞》邀請王作榮擔任社論主筆，由於見識卓越，筆鋒犀利，所論之事總能切中時弊，並且所提建言也切實可行，其所撰寫之社論深受各方重視。1978年底中國時報系的《工商時報》正式發行，王作榮擔任總主筆，王作榮在自傳裡表示：「我要仿效《華爾街日報》及倫敦《經濟學人》周刊，《工商時報》雖為專業性報紙，但社論範圍並不以經濟為限，廣及所有當時國內外所發生的重大事件，我也要做到對日作戰以前及作戰期間《大公報》社論的權威地位，在那一段時間，國內每發生重大事件，一般社會人士，特別是高級知識份子與政府決策階層官員，第一個要問的是《大公報》社論怎麼說，我也要使《工商時報》的社論達到這種標準，要使讀者群，特別是具有影響力的讀者，遇有國家重大問題難以解決時，先看《工商時報》社論怎麼說。」

　　在王作榮主持下的《工商時報》言論部，確實達到他預先設定的目標，他說：「大約經過二、三年後，《工商時報》社論即廣泛受到社會的重視，自經國先生起，重要決策官員及工商企業界領導人物，必看《工商時報》的社論。更有讀者向報社同仁說，花五元買一份《工商時報》，僅是讀一篇社論就值回票價

了。而美國大使館新聞處每天都將臺灣報紙重要社論譯成英文，送回華盛頓的國務院，在幾次美新處的酒會上，我都遇到該處職員當面稱讚《工商時報》社論寫得好，是他們譯成英文最多的一份報紙社論。」

王作榮以〈昔也病在法度，今也病在紀綱──論處理當前局勢之道〉獲第二屆吳舜文新聞獎的評論獎，此文引呂坤《呻吟語》「竊嘆近來世道，在上者積寬成柔，積柔成怯，積怯成畏，積畏成廢」痛陳臺灣政經困局。評審團推崇王作榮學養深厚，洞徹當前經濟、財政、政治等問題癥結，文章氣勢雄渾，且不失溫厚。

臺大教書，深受學生歡迎

王作榮在自傳裡說：「我這一生最令自己滿意的事情之一，就是不被別人牽著鼻子走，總是吸收別人的知識後，再思考判斷這些知識是否正確，是否有價值。」這個獨立思考的為學處世態度使他經常能言人所不能言，不論是在《工商時報》寫社論、在美援會與經合會為官所提建言經常能發人深省，而這種為學處世的態度也讓他在臺大經濟系、文化經濟研究所教書期間，深受學子們歡迎。

在臺大學生會所舉辦的全校調查裡，他成為五位最熱門的教授之一，1980年4月《臺大青年》如此記錄他上課的情況：「王老師除了很有系統地講解基本經濟知識，並附上當前的經濟分

析，使我們所學能與實際相配合，如上學期末王老師曾給我們分析石油漲價的問題，不但使我們得到許多寶貴的知識，更大大地提高了同學們上課的興致。……王老師上課是從不點名的，但是同學們到的人數還是很踴躍，因為少上一堂課，對我們每一個學生而言，都是一重大損失，……由於兩百三十餘人在一個教室上課，所以佔位置的風氣特別盛行，兩點的課，十二點半過後就沒位置了，還有許多同學到隔壁教室搬椅子過來，把前後左右的走道都擠得滿滿的。」

士以天下為己任，獨排眾議

王作榮不論是為官、教書、寫社論、打筆戰，始終奉行「士當以天下為己任」的志向，他之所以念念不忘成為一位士，是因為他少年時期歷經軍閥割據、日本侵略、國共內戰的混亂年代，讓他知道知識的重要，也因此在舉世滔滔的主流論述中，他經常獨排眾議提出自己的看法，1980年王蔣論戰如此，1990年初當學生在中正紀念堂廣場靜坐示威要求與總統李登輝對話之際，他也以自身的經歷發表文章勸告學生別重蹈覆轍。

他在這一篇刊載於《工商時報》的〈思往事，愁如織——沉痛談學生靜坐運動〉的文章裡寫道：「在我高中時代的學生罷課遊行示威，訴求的主旨在抗議政府不抗日，受日本人的侵略，政府一味退讓，覺得政府窩囊無能，要以罷課遊行示威來逼迫政府對日宣戰，與日本人打一仗，這在當時稱為愛國運動，領頭學

生都是愛國英雄。這些領頭的學生在學校以組織的力量逼迫所有的學生都要參加，否則便是不愛國，不愛國便是冷血動物，就是漢奸，就為同學們所不齒，在學校就難以做人立足。」

這篇文章接著說：「因此，無論願意與否，學生都要一體參加，外面人看起來，聲勢浩大，其實很大一部分是裹脅而來。社會人士不明內幕，通常總是給予這種學生運動以正面肯定，鼓勵有加，更使得運動如火如荼，全國大串連，佔據機關，打傷高級官員，侮辱元首，甚至自己開動火車，無法無天，而政府莫之奈何。當時提出的主張，是要政府立即宣布與日本人打仗，否則便是無能、通敵、親日派、出賣國家民族的罪人，應該被打倒。……『愛國學生』之誤國，實令人痛恨。」此文一出隨即遭部分學者為文批判，揶揄本文像極了莒光日教材，王作榮也以〈補上幾堂課〉為題撰文登載於《工商時報》回應，暢談體制內與體制外的改革、為學之道。

在〈補上幾堂課〉一文中他寫道：「我居臺四十年，除公文書外，以個人身分發表的署名或不署名文章至少在三百萬字以上。毫無疑問，這其中必然有缺失、錯誤，理論基礎有爭論，事實根據不完善之處。他們如要找我的錯，就應該定下心來，安安靜靜的對我的全部著作下一番博學、審問、慎思、明辨的功夫，分別從理論與事實上加以辯難駁斥，我一定聞過而喜，拜納嘉言。然而他們不是。他們隨便在我的著作中找出一、二句話，便大罵一頓，罵的毫無邏輯，而且錯的離譜，我連作有系統的答覆都很難，也乏味。這不是一個知識份子，特別是大學教授所應該

有的做法，所以我在結束補課時，特別加上為學之道一節，供他們參考。」

出任監察院長，重振柏臺雄風

王作榮早年服務於美援會、經合會，於 1990 年出任考選部長，於 1996 年出任監察院長，甫就任一個多月即因病住院，但由於一心掛念監察院功能提升一事，即使在住院期間仍關切政務推動情況，並指示部署儘速擴充人民陳情受理中心，對於有冤情者，監察院就應追查到底。另外，他也想重振明、清兩代的「柏臺雄風」。王作榮對司法當局為求人和，從不認真整頓，反而百般迴護，對於劣跡彰著的法官只是調職了事，深感不滿，於是決定藉由彈劾司法首長，來改變敗壞的司法風氣，但依監察院規定，自動調查必須有兩位委員提案，經王作榮拜訪多位委員希望有人與他共同提案，但得到的回應多是此一彈劾案窒礙難行，王作榮在自傳中提及此事嘆道：「在當前環境之下，重振古代柏臺雄風為不可能的事，因為人心不古了。」

王作榮於 1999 年初任滿離開監察院，對於外界批評監察院只拍蒼蠅，不打老虎，他表示：「坦白地說，至少部分是正確的。我確實看到有些彈劾案可以向上發展，追出更高的負責人，而並未這樣做。基於院長不能干預委員辦案的法律規定，同時也基於我對委員的尊重，我都保持緘默，送來的彈劾公文，我都依樣畫葫蘆地簽字，……雖然我自認監察院長是我一生最無成就感

的一個職務與工作，但我仍然在建立制度方面做了若干貢獻。」

曾出任財政部長，並於 2008 年出任監察院長的王建煊說得好：「王作榮對臺灣經濟發展非常有貢獻，御史大夫就要像王作榮這樣，他在監察院長期間成立調查處，更讓監察院調查工作如虎添翼。」王作榮確實稱得上是御史大夫的典範。

抗戰期間，考取沙坪壩中央大學

王作榮一生能有此不凡的成就，應追溯至年少時期的求學過程，他生於 1919 年的湖北漢川縣西王家村，這一年正是五四運動風起雲湧的年代，他在軍閥割據、內戰頻仍的大環境下斷斷續續唸了八年的私塾，並完成初小、初中、高中的教育，自小熟背四書、《左傳》等經典，小學三年級曾以一篇〈我的故鄉〉投稿漢口《公論報》兒童版獲刊載，他回憶在中央大學就讀時，國文教授黃耀先在課堂上讀到他的文章時曾表示：「氣勢雄渾，有孟子的筆法，將來會以賣文為生。」這位老師果然有識人之明。

1938 年對日抗戰初期，王作榮考進國立中央大學政治系，讀了兩年政治系，又轉到經濟系讀了三年，1943 年畢業，1947 年赴美國西雅圖華盛頓州立大學研究所研讀經濟理論，1957 年再赴美國田納西州范登堡大學研讀經濟發展計畫取得第二個碩士，1961 年再度赴美世界銀行經濟研究所從事研究工作半年。

在求學過程中，王作榮在自傳中曾表示：「中央大學四年半是我一生中的黃金時代。雖然物質生活非常貧乏，總是衣破腹

饑，靠政府一點貸金維持基本生活，偶然家中匯一點錢來，勉強可添一些衣物和加一點菜，吃一碗牛肉麵之類，終是在貧困中度日，但這四年半使我成長成熟，充實了我的知識與人生，使我的視野廣闊，胸襟開拓，見解不凡，奠定了我一生事業基礎與家庭生活，成家立業都在這一階段形成的。」

王作榮考大學那一年正是對日抗戰的初期，首都淪陷，中央大學西遷重慶沙坪壩，王作榮由湖北家鄉溯江前往沙坪壩，心中感觸良多，他寫道：「聯考榜發之日，正是武漢陷敵之時，我們倉卒退居家鄉，聞訊錄取，乃間關西上。取道雲夢古澤，輕舟一葉，縱橫出沒於河港湖沼之間，時而小港流波，時而汪洋萬頃，鷗鳥白雲，塵念都消。越十日抵沙市，乘小火輪轉宜昌，再轉民生公司輪船西進。船入三峽，遙望明妃尚有之邨，訪尋襄王高唐之夢，絕巘削壁，兩岸猿聲已斷，重山窄水，江流急湍猶昔。這本是騷人墨客逸興遄飛的大好機會，無奈是在流亡途中，河山破碎，前方金戈鐵馬，殺敵方酣，也就無心觀賞流連了。」

寫一手好文章，得力於三本古文

王作榮這篇文字鋪敘委婉，言近意遠，寄慨良深，他之所以能寫出如此的好文章，全在於背過無數古文，2007年筆者有幸與王院長聊及如何寫好一篇文章時，他感慨的表示：「今天許多學經濟的人，由於缺乏對時事的觀察、也缺少對歷史的了解，因此所寫的文章枯澀難讀，時而流於老生常談，要寫一篇好的經濟

評論除了須對經濟理論有正確的認識外，同時還要多背一些古文。」

王作榮說：「所有西方偉大經濟學家都是從實務出發，根據實際經濟情形提出解決方案，而非空想出一個理論在那裡胡扯，亞當‧斯密的自由貿易理論，即為打破當時盛行的保護主義，馬克思的共產社會主義，則是為制止歐洲財富不均，至於凱因斯的預算赤字也是為解決 1930 年代大恐慌所提的對策。我們雖然無法像這些經濟學家這麼偉大，但是可以學習他們解決問題的態度，學經濟絕不能學到最後理論是理論，實務是實務。」

要寫一手好文章，除了要有紮實的經濟理論訓練外，還得背幾本古文，王作榮說：「《孟子》、《左傳》及《古文觀止》這三本書我全都背過，我寫文章多得力於這三本書。」這三本書到底有何特點？王作榮指出，《孟子》的文章很凶，氣勢很大，熟背《孟子》可讓評論氣勢磅礴。至於《左傳》，敘事簡潔有力，不囉唆，背過這本書對於寫出一篇流暢的文章大有幫助，第三本是《古文觀止》，這本書散文居多，若能多背幾篇，寫出來的東西可以變得很流暢典雅，而這三本書在他進中央大學之前已經全都背得滾瓜爛熟了。

對於今天多數年輕學子寫不出好文章，下筆沒幾行便腸枯思竭，這該怎麼辦？王作榮告訴筆者：「如果我還在大學教書，除了會嚴格要求經濟系學生把理論基礎打好外，三年級以後，會建議他們多多涉獵政治、社會、法律、哲學等學門，因為知識廣博才能讓眼光遠大，而也惟有眼光遠大才能寫出有內涵的文章，擬

出適當的政策。」王作榮認為，讀書要先博而後約，多涉獵政治、哲學對寫作大有助益。到了四年級即將進入社會，便更要注意實際的經濟問題，並試著活用經濟理論來分析，臺灣現在的政經問題一大堆，經濟系的學生要學會抓住問題的中心，如果理論不足以應用，效法亞當‧斯密、凱因斯去創造新理論也未嘗不可。

中央大學五年生活永難忘懷

王作榮對沙坪壩五年的求學生活有著美好的回憶，他在〈沙坪之戀〉一文說：「沙坪壩是學校總部所在地，另有一年級學生所在的分校則設在柏溪，與沙坪壩相距約二十餘華里，隔嘉陵江相對。自江邊至柏溪校園有里許蜿蜒的石板路，中途有巨石懸空突出，下有賣豬肉的肉案一座。再上行數十武即為柏溪盤旋之處，有平地傍山面溪而生，郵局、百貨店、柏溪飯店等等在焉。……緊鄰柏溪飯店有竹舍三、五，夾溪而立，賣糍糕湯圓炒飯湯麵之類，是學生經常光顧之地。由此拾級而上十餘步，豁然開朗，平疇一片，即是校舍所在。」

他回憶在沙坪壩中央大學求學期間，同學個個是奇才異能之士，由於學校採取自由研究講學的政策，讓學生可以自由發展，因而造就了不少的人才，他說：「中大是有教無類的一個大學，是一個吞納萬物的大熔爐，熔化了各種類型的素材，鑄成了各種類型的人才。在中大，有在酷暑之中，昏黃燈光之下，擠破了圖

書館的門，擠滿了圖書館的座位，而使外賓肅然起敬的學生；也有坐茶館，打籃球，睡懶覺，擺龍門陣的學生；有才氣縱橫，不受羈勒的學生；也有抱誠守樸，精光內斂的學生；有背講義，讀課本，考第一的學生；也有博覽群籍，識見超群，而總在及格邊緣的學生；有抱著鏡子練習演講姿勢的政治家；有終年低頭沉思，口中念念有詞的文學家；有手持司的克，足著破皮鞋的外交家；有肩上經常扛著丁字尺，手裡經常拿著儀器盒的工程師；有掛著兩道鼻涕，幼稚如嬰兒的天才科學家；有胸前懸著『愛人』芳姓牌子，在女生宿舍門口幌來幌去的哲學家；有『晨興理荒穢，帶月荷鋤歸』，面孔也黑得像農人的農業專家；有同時發出幾封同一內容的追求信，以求多中取勝，而一無所獲的經濟學家；有一襲長衫的中國式名士；有西裝革履的外國式紳士；有後面老是跟著一大群女同學而以光桿畢業的男同學；有追求者可以編成一個連隊而帶著寂寞芳心離校的女同學；有俯首含羞，開口臉紅的閨秀體；有大熱天裡，倚在男生床上聊天的浪漫派；當然，我們不會忘記那個逢有機會便要朗誦自己佳作的矮小詩人，和那個為了愛情而獨力編寫一個天文地理中英合璧的壁報的萬能博士；還有我們永遠會記得那位天生拿著老虎鉗子的老虎型女醫師。」

中大生活艱困，但仍弦歌不絕

他在晚年一直談到「士」是讓中國得以復興的種籽，而中大

五年的生活正是將他陶冶成一個士的殿堂，他描述在那個艱困年代的中大學生生活：「有抱負，有識見，有個性，有特長，而且一致的不在乎物質生活，祇知埋頭追求各自的理想與興趣，豈止旁若無人，連自己都不放在眼內。這些都是中國士這個階級的傳統精神，傳統氣魄，與傳統風範。」

「談到當時物質生活，可說是到了窮的極限。早上七時左右吃稀飯，一碗渾漿，幾顆黃芽米，幾隻白米蟲，在裡面游來游去。四碟小菜，就有二碟是豬吃的空心菜——菜梗一碟，菜葉一碟。同學們一喝七、八碗，但早上十時就已空腹雷鳴，不到十一時，飯廳即已擠滿了人等候開飯。而飯是靠搶的，搶遲了便挨餓。……然而我們不叫苦，不請願，仍然弦歌不絕，自樂其樂，自適其適：讀書的讀書，戀愛的戀愛，睡覺的睡覺，吃茶的吃茶。顏回是孔子三千弟子中的大弟子，七十二賢人的首席賢人，而他之所以能擠到這個地位，據他老師說因為他能一簞食、一瓢飲，居陋巷，人不堪其憂，回也不改其樂。依照這個標準，我們千百計的中大同學都是賢人。」

談到他求學時中央大學的教授，王作榮說：「中大的教授團，一如中大校風，樸實而有光輝。實際上，他們正是養成這種校風的原動力。他們平均起來說，不像其他學校教授在社會上有赫赫之名，他們也從不不安於位的滿天飛。他們從不今天北上，舉行一個表演性講學，明天南下發表一個政治性談話，有時主張科學救國，有時又要民主興邦，什麼都做，就是不肯安靜下來教學生讀書。中大教授們祇知道守住自己的崗位，每天帶著智慧的

微笑，默默的傳道授業解惑，散發師道的尊嚴與光輝。……因為愛學生，教授們便從不利用學生做他們的工具，鬧風潮，搞政治。在沙坪壩的八年，中大同學從不鬧事，那是因為中大教授從不煽動學生，甚至很少說一句激憤之詞。在那樣生活煎熬之下，很少聽到教授訴苦。中大的師生關係永遠是純潔的，惟其純潔，所以能持久。」

與夫人范馨香結緣於中央大學

　　王作榮與夫人范馨香也是在中央大學結緣，他說：「沙坪壩這個三千國士的培育之地，這個度過我們黃金年華之地。是在這裡，我們接受了完整的現代教育，培養了我們完整的人格，奠定了我們為國家社會服務的基礎。是在這裡，我和范馨香小姐結緣終身，共同消磨了多少可愛的日子，共看了多少個晨曦晚霞。」

　　王作榮與范馨香結髮四十三載，伉儷情深，1996年他在時報出版社所出版的《王作榮全集》自序裡如此寫著：「我將這套書獻給先室范馨香大法官，她逝世已有整整八年了，我不曾一日忘記她，夜半醒來，時常呼叫她的名字，假定她還活在這世上。她生前，她病中，常是我的文章的第一個讀者。我總記得她已病得很重，躺在我的書桌旁的小榻上，我寫一頁，她看一頁的情景。我們是四十三年的貧賤夫妻，四十八年的生死之交，她一生都在意我有無成就，我一生都未能如她所願。」

　　這段深情的文字，催人淚下，也讓人想起北宋詞人賀方回悼

念夫人所寫的〈鷓鴣天〉一詞：「重過閶門萬事非，同來何事不同歸，梧桐半死清霜後，頭白鴛鴦失伴飛。原上草，露初晞，舊棲新壟兩依依，空床臥聽南窗雨，誰復挑燈夜補衣。」全詞語極平易而情極酸楚，賀方回思念倚床補衣的妻子，王作榮懷想臥榻讀文的老伴，相對無言只有淚千行，兩人遙隔千年，同為深情之人，故能為深情之詩文。後來王作榮在報上偶爾會以筆名「方回」為文，也許是緣此之故。

退休生活依然關心國家經濟

　　王作榮一生始終奉行「士當以天下為己任」的志向，他這一生不論是教書、為官、寫社論都是秉持這一信仰，但他發現如今士已愈來愈少，臺灣用了半個世紀建設了一個富裕國家，卻非一個現代國家，他在自傳裡說：「當我看見時下所謂的人才，大家所稱讚的新銳之士，其膚淺、作秀、自私，而沾沾自得的惡劣行為，我的心就往下沉。」

　　對於近年政府每年編列龐大預算委外研究一事，王作榮於2007年接受筆者專訪時就直言，委託研究若僅僅是替政策背書，這不僅是大笑話，也是浪費錢、更是誤導社會。他說：「政府委託研究報告與學校做研究並不相同，在學校做研究可以海闊天空，可以做純理論，但是經建會是做政策規劃的單位，一切研究應以解決當前經濟問題、規劃未來三年、十年發展為目的，絕不應該為研究而研究，更不應該為報銷經費而委外研究。」

對於政府對許多報告研究完便存參，甚至像三年衝刺方案（大投資大溫暖）的研究先訂出 2009 年達到人均所得兩萬美元，2015 年達三萬美元的目標，王作榮表示，政策規劃應該是先提出策略、方向，而不是像現在這樣訂出哪一年要達到什麼所得水準，這根本就是政治的作法，像這樣的規劃，真是個大笑話。

　　王作榮也提醒這些受委託研究的人應秉持「研究者的風骨」，不應隨政策起舞或只是為政策背書，否則不僅每年逾億元的研究預算全都白白浪費了，還會誤導社會，這是極為嚴肅的事。

　　2009 年初王作榮在《工商時報》專欄以〈雄渾對輕薄短小文化〉為題發表文章指出：「以儒家文人為核心的中國傳統文化，有許多特質，其中很重要的一個就是雄渾，可能是受中國雄渾河山的影響，地靈而後人傑。雄，就是雄圖遠略，以成其大；渾，就是渾厚寬容，以成其久。前者結果是江山千萬里，後者是歷史五千年。副作用是不時發生金甌破，強虜驕，受盡外族侵凌壓迫的悲劇，但卻軟和硬鬥，屢敗屢戰，亡而能興，敗而能起，以有今日。這樣的民族與文化特性，堪稱獨步世界。……但近二、三年忽然發覺到臺灣文化已在無形中起了變化，由雄渾轉為輕薄短小。即是舉凡國家大政，民間小事，都求急功近利，即作即成。……我要嚴肅的向政府領導者提忠告，處理國家大政，必須照應全局，遠看百年，也就是必須要有雄渾心懷器識，尤忌臨危而亂，抓到一隻浮木便當救生艇，而忘了在險境中如何找出路

來。」其對雄渾之士的凋零，益感悲嘆，而臺灣隨後的經濟表現亦如其所預言，正因沒有雄渾的眼光，一切施政但求速效，使得臺灣經濟長期陷入停滯的局面。

希望來生做文史哲教授讀盡天下好書

王作榮於《壯志未酬》的自傳結語裡說：「假如有來生，我希望終生做一個文史哲方面的教授，讀盡古今中外這一方面的好書，也能寫出幾本好書，對人類的知識與智慧有永久性的貢獻。不知什麼原因，我愈到晚年，愈發現有好多要讀的書沒有讀。想要買的書，現在有能力買，卻又知道買了不能讀，也無地方放，也放不了幾年，只好黯然作罷。真是無奈，唯有寄望來生了。」

古人謂立德、立功、立言為人生三不朽，王作榮一生慨然以士為念且身體力行，是為立德；於美援會經合會所提「十九點財經改革措施」與《臺灣經濟發展之路》成為政策引領臺灣經濟起飛，是為立功；擔任中時報系主筆二十七年間所撰文章洞徹時局言所當言，是為立言。其雖有壯志未酬之嘆，然觀其同輩之人，少有出其右者。

經世濟國的銀行家謝森中

周慧如
《工商時報》財經要聞中心主任

　　嘉陵江畔的沙坪壩，高樓大廈拔地而起，現在已經發展為重慶市的文教與商業中心，回溯到上個世紀抗日戰爭時期，這裡是全國的高等教育重鎮，國立中央大學尤為翹楚，在艱苦的環境下，中大為國家培育出許多對社會民族有貢獻的人，謝森中即為其一。

　　謝森中，廣東梅縣人，民國8年（1919）生。[1] 他畢業於重慶時期的中央大學農業經濟系所，為美國明尼蘇達大學農經博士。在中華民國政府遷臺後，百廢待舉，謝森中任職的農復會，在臺灣發展以農業扶持工業的過程中，對穩定農村經濟，貢獻很多。他並曾擔任亞洲開發銀行經濟研究及技術援助處處長，協助發展中國家進行經濟建設。在1981年後返國，他歷任經建會副主委、中央銀行總裁，推動臺灣的金融自由化；發展臺灣成為亞洲金融中心，他是最早的規劃者。謝森中的一生，對國家發展、作育英才與促進區域合作，都有很多貢獻，而他認為，為其一生行止，包括做學問及政策規劃，打下堅實基礎的，就是在中大求

1　謝森中口述，卓遵宏、吳淑鳳訪問與記錄整理，《謝森中先生訪談錄——謝森中先生半世紀專業經驗》，國史館，2001年。因謝森中先生已作古，家人皆旅居國外，本文有大量資料取自這本他本人的口述歷史。

學時期。

　　謝家世居廣東省梅縣丙村鎮程崗鄉，以詩書傳家，大曾祖父與曾祖父都曾考取舉人、進士，做過知縣，謝家在家鄉很受尊重。後因祖父漢生公早逝，人丁單薄，而家道中落，因家計困苦，謝森中初中畢業後，先當了兩年小學老師；大他七歲的兄長謝哲聲（淼宗），考取政府公費留學英國牛津大學，挪出部分生活費資助弟弟求學，謝森中才能從梅縣的東山高中畢業。

　　1939年，日軍在福建省已經侵逼至福清市與福州，謝森中當時已經在福建省政府擔任基層公務員，省政府為了躲避戰禍，四處遷徙，一度落腳於中部山區的永安，以永安做為戰時省會。謝森中就在永安報名參加第二次全國大學聯考，那時謝哲聲已返國，並受聘任教於沙坪壩的中央大學，謝森中即以中大為第一志願，後來8月放榜，如願被中大錄取。能夠繼續升學，他形容自己的心情是「欣喜萬分」，即刻束裝，先返故鄉廣東梅縣報喜，再取道粵北韶關，經由湖南、廣西、貴州，穿山越嶺，趕著在9月開學前到達重慶向中大報到。

　　日軍在1937年7月7日引爆盧溝橋事變，中國全面投入抗戰。在日軍開始轟炸南京時，中大校長羅家倫當機立斷，決定西遷陪都重慶，擬定了大規模的遷校計畫，將幾千人、幾千箱東西浩浩蕩蕩運上船，完整將整個學校遷至重慶沙坪壩。[2] 謝森中說，不只是圖書儀器完整，連農學院畜牧系的數十頭牛隻，也從

2　〈羅家倫次女訪中大〉，《中大校訊》，2012年7月，第173期，http://sec.ncu.edu.tw/ncunews/173/fundRaising_102.html。

南京經由陸路遷至重慶，羅校長的眼光和主持中大十年的貢獻，被稱為「學術黃金十年」，在我國大學教育史上，有口皆碑，令人欽敬。

中大在沙坪壩的校區是向重慶大學借地，依著松林坡建成臨時校舍。在抗戰時期，國家資源短缺，師生生活都很困頓，敵軍來襲時，常常要跑警報，但是在謝森中眼裡，中大景色優美，是絕佳的求學環境。時隔逾五十年後，他在進行國史館的口述歷史訪談時，對沙坪壩的環境與校園都描述得十分詳細，彷彿昨日才從中大畢業。

謝森中形容中大校區是一處小山丘，山丘上松木成林，圖書館位於山丘頂，其下是女生宿舍，環著小丘建有教室、辦公廳、男生宿舍、環校道路；下面的平地是大食堂、禮堂、運動場、教職員宿舍和男舍、教室，而中大的校門設在往重慶大學的路上。校區因受面積限制，非常擁擠，建物緊密相連，建材因陋就簡，有些教室的屋頂是稻草鋪設，與鄰近的重慶大學磚造的堂皇校舍，形成鮮明對比。

雖然校舍簡陋，生活清苦，但是謝森中說，中大的教學精神與求學風氣旺盛，陪都重慶是全國政治、經濟、文化、軍事和行政的精華中樞，可謂全國菁英匯集所在，羅家倫校長延攬很多學術菁英，中大教授陣容整齊堅強，而學生是全國聯招進來的第一志願學子，大家覺得士氣高昂，前途無量，很受所謂「重慶精神」的感召；在日軍轟炸的殘破校園中，校長羅家倫發表了十六篇演講，即後來集成《新人生觀》一書，很能激勵民心士氣；雖

然在戰時很多學生失去家裡的經濟資助，所幸政府還能提供微薄公費，學校也提供膳食，支持學生求學，物質條件雖然不好，但是校園讀書風氣高，沙坪壩當時還是郊區，沒有都市的燈紅酒綠，唯有清風明月相伴讀書，這就是中大「誠樸」校風的表現。

謝森中原本被中大錄取、分發的是化工系，但後來在興趣引導下，在1940年（民國29年）轉入農業經濟系。在1943年大學部畢業，同年8月考入農經研究所，修習碩士課程，並在1945年畢業。他說，大一與大二時的必修課多屬農學院範圍，例如昆蟲學、生物學、土壤學、森林學等，到了大三、大四，就可以選修自己感興趣的經濟學領域課程，他在研究所期間，受業於張德粹教授門下，對謝森中的學術研究有很大的啟發。[3]

張德粹鼓勵謝森中要多選修經濟系的經濟理論、統計學及貨幣銀行等課程，充實經濟學科的基礎，以做為未來進修之用。張德粹所指導碩士論文，是與財政部花紗布管理局合作的一份研究計畫，由花紗布管理局補助經費，謝森中調查川北遂寧地區棉花與糧食作物的生產成本，以比較這兩類作物的生產利益。謝森中說，在戰時棉糧均為後方軍民所必需的衣食重要物資，相互競爭土地利用，政府為調節重要物資，決定採收購價格，因此委託中大先進行研究。

在張德粹的指導下，謝森中在1945年6月完成碩士論文，由農經所印成專冊出版。由於課業與研究傑出，張德粹推薦謝森中

3　同註1，〈憶恩師張德粹生先〉，頁397-400。

留在農經系做講師，負責教授經濟學原理。民國34年（1945）8月，日本投降，抗戰勝利。中大在民國35年夏天遷回南京，謝森中也隨校復員，在南京期間，張德粹常鼓勵他出國深造，並建議謝森中專修農場管理與生產經濟學，後來謝森中赴美進入明尼蘇達州立大學，專攻農場管理與生產經濟學，就是遵循老師的指引。因此，謝森中說，「我在國家艱苦抗戰八年期間，均在中大求學、研究和任教，承張師循循善誘，教導栽培，受益至深。」

在中大生活的一點一滴，回憶起來，均令謝森中難忘。他形容，順著沙坪壩校區旁的崖壁望下去，是綠水悠悠的嘉陵江下游，江上有船隻點點，遠處傳來船夫搖櫓與叫喊聲；再望過去，是流水潺潺的磐溪，有一小規模的蓄水庫，中央工業實驗所設置在此，樹木常青，稻田阡陌，中大師生在假日時，常過江遊玩。

再由中大校區西望是歌樂山，山頭有彩雲片片，山上樹木青綠可愛，中央醫院設立在此，而這裡也是中大師生課餘時間爬山踏青的好去處，一天之內即可來回，男女同學常藉此機會培養感情。

由中大校門大道走出去，右邊可繞道至重慶大學校園傍嘉陵江岸的臨江路，兩邊樹木成蔭，花草扶疏，每到傍晚，是雙雙對對的情人散步談情的好地方，學生們稱為「鴛鴦路」，路旁有石凳欄杆可以歇息，遠眺江火和船舟，清風習習，情趣天然。再穿過重大校區，是沙坪壩小鎮，只有一條街，有數十家商店和一家小劇院，附近的南渝中學校區內林木蓊鬱配著紅磚校舍，並闢有小湖，是中大男女同學另一處散步遊玩之地。

由中大向北走約一小時可達磁器口，是嘉陵江與一小河的匯合處，謝森中還記得，磁器口所產的落花生最有名，香脆可口，是遊客必嚐的小點。此外，中大校區旁又有中央工業專科學校，因此他說，「抗戰時期在陪都重慶，談到沙磁文化區是無人不知無人不曉的，而中大是這個文化區的靈魂，抗戰八年期間也可說是中大的全盛時期。」

說起沙坪壩求學的趣聞，謝森中說，中大學生有所謂的「四搶」，第一是搶圖書館座位，同學們晚自習風氣很盛，而圖書館座位有限，因此想入座的人，必須在每晚飯後拿著書本到圖書館大門口排隊搶位子。第二是搶教室前排座位，因為教授們來自大江南北，有些人的口音很重，或說話小聲，學生必須搶坐前排，才容易記筆記。第三是搶飯桶，在學校餐廳用餐時間，飯桶一抬來，男同學就蜂擁而上，趕緊盛滿一大碗，有的男生要吃三、四碗才會飽，女生如果比較秀氣，就可能搶輸男生。第四是搶洗澡房，男舍浴室只有兩間大統艙，且熱水常不足，兩千多位男生要搶著去洗澡，競爭十分激烈，尤其是在夏天，搶浴室更是一件苦差事。

在「四搶」外，還有「三多」。第一是臭蟲多，一棟平房統艙要住二百多人，床鋪是木板製的上下鋪，四架圍成一室，共住八位同學，按系別與年級組合，在夏天時，天氣炎熱，木板床又易生臭蟲，繁殖很快，成群結隊吸血咬人，令大家覺得不堪其擾，需要上下鋪及鄰鋪共同合作捕捉。最有效的方法是燒一壺熱開水，淋灑床鋪，可暫時燙死臭蟲。第二多是蚊子多，夏天潮濕

高溫，樹木草地多，蚊子易繁殖，晚上睡覺常被蚊子咬到無法入睡，學生多用四方小蚊帳，試圖隔絕蚊子騷擾。第三多是打擺子（瘧疾）多。因為蚊子帶有瘧疾菌，一被咬後，就會傳染，高燒與發冷輪流發作，令人疲累，必須服用奎寧，但嚴重時會致人於死。謝森中說，中大師生恐怕每人都有得過打擺子的經驗，甚至不只一次，狀況淒慘。

抗戰時期，日本敵機常飛到重慶轟炸，中大曾一度被當作投彈目標，因此跑防空洞也是難忘的回憶。謝森中說，松林坡原就是小山丘，適合挖設防空洞，在洞內配置通風機。敵機來時，學校會發出預備警報，請大家準備去防空洞避難，待日本轟炸機接近市區時，會再發出緊急警報，大家就要快躲進洞內，一直等到解除警報。有時一天要跑二、三次防空洞，而洞內空氣不好，耽擱學習時間，因此學生都引以為苦。

「戀愛」向來被視為大學的必修課，即使在抗戰時期也不例外。謝森中說，當時中大全校學生約三千人，但女生只有兩三百人，可謂僧多粥少，但幸好附近的重慶大學及省立教育學院也有女同學，這些學校有許多跨校的聯合社團與活動，有利青年學子來往互動，成就不少姻緣。

謝森中的夫人謝延禧，湖北人，也是中大教育系的校友，她在悼念夫婿的文集《寶樹堂前花正茂》裡，寫下兩人初識、相戀、成家，相互扶持的回憶。[4] 謝延禧在初中時，因避戰亂，隨

4　《寶樹堂前花正茂》，中華經濟研究院，2005年，頁315-320。

同家人至重慶唸淑德女中，後因學校毀於日軍轟炸，一度避居萬縣，後再考入由湖北省遷至重慶的懿德女中，三年畢業後，原可保送成都的金陵女大，但為節省費用，投考中大史地系，並獲錄取。謝延禧大一在磐溪校區，大二才在沙坪壩上課，當時接受同在中大就讀的三哥謝延濂建議，轉入教育系。有一天，她陪同學到農學院研究室找人，遇見謝森中，兩人相談之下，發現都姓謝，於是以兄妹相稱。

謝延禧在這篇〈懷念親夫──謝森中〉的文中寫道：

> 暑假時，你到外地做田野調查，開始寫信給我，回校後時常約我晚上去散步，我們有時去嘉陵江邊看流水，看江上船舶，有時到松林坡上看月亮，或者到磐溪聽溪流，或者到歌樂山看雲霧……。我們開始以兄妹關係往來，但日久生情，兄妹情很自然的轉變為愛情，這是我始料未及的。你的家境雖也貧困，但你有堅強奮鬥意志，克服困難，努力向上，這種精神，使我佩服，深深吸引我。[5]

1945年8月日本宣布無條件投降後，中大在隔年6月利用暑假，分批陸續搬回南京成賢街校本部。謝森中與部分教職員和眷屬搭學校包機從重慶飛抵南京復員，而謝延禧這一年剛好畢業，她與多數教職員、全部學生搭乘學校包的輪船沿長江順流而下南

---

5 同註4，頁318。

京。謝森中說，中大全校師生加眷屬約有四千餘人，連同圖書儀器設備，包船包機，浩浩蕩蕩，勝利還都復員，誠一大盛事。

1946年10月下旬，中大正式在南京恢復上課，除商學院仍在上海外，校區集中在成賢街，醫學院和附屬醫院也在一起，後來校區不夠用，又將農學院搬至南京丁家橋校區，並在該地擴建教職員宿舍。

謝森中那時在農經系擔任講師，謝延禧在教育系擔任助教，1946年9月在南京結婚，並請雙方農學院長和師範學院院長為介紹人，學校配給文昌橋教職員北舍宿舍一間，房子雖小，但是謝森中說「雖甚簡陋，但新婚歲月也其樂融融」。長子文寧1947年11月在母校中大醫院出生，因此他對中大八年的感情特別深厚，常常懷念與感恩。

婚後，謝森中在1947年3月赴美國明尼蘇達州立大學攻讀博士，與恩師張德粹有約定，學成後依舊返回中大任教。但是中國大陸情勢變化很快，國民政府節節敗退，局勢急轉直下，謝森中放心不下妻兒，趕著把課修完，通過資格考，成為博士候選人，但是論文尚未完成，便在1949年3月趕回國，與妻兒在廣州會合，在5月取道香港渡海來臺，開始在臺灣的生活。

來臺後，從1949年至1965年間，謝森中先後擔任臺灣省農林廳技正、中國農村復興聯合委員會（農復會）經濟組長、祕書長，並在臺灣大學農業經濟系兼任教授。政府剛遷臺時，社會發展各種條件都不足，特別是資金與人才，要想快速增加生產，並非易事，未料韓戰在1950年爆發，美國被迫介入韓戰，為防堵

共黨勢力在亞洲的擴大，美國遂將原已停止的對華軍經援助移用於臺灣。從1950年至1965年，臺灣平均每年從美國得到一億美元的援助，可提供臺灣約35%的資本形成，用以進行基礎建設，原本因短缺外匯而無力進口的原料與生產設備也得買進，於是我國才能從農業生產的經濟型態轉型為勞力密集工業，帶動民生消費性工業與進口替代性工業的發展，使經濟逐步起飛。

農復會就是運用美援成立的中美聯合機構，政府在1950年代推動土地改革與農業改組，農復會扮演很重要的幕僚單位，謝森中擔任農村經濟組長。他說，當時農經組約有十八人，分為兩組，一個小組是負責政策性研究，成員包括他和王友釗，以及後來當總統的李登輝；另一個小組負責糧食管理、農業金融、市場行銷等實務研究，成員有葉新明、許建裕、莊維藩等人。

前農委會主委王友釗在臺大農經系畢業後，至農復會農經組工作，跟隨謝森中十多年。王友釗說，他和「謝老師」常一起探討臺灣小農經濟發展所遇到的問題，進行農村調查訪問，並著手研究分析臺灣農家所得實況，他們與臺大及中興大學農經系合作，辦理重要農產品的生產成本分析，研擬保證糖價的訂定，以及肥料換穀的研究分析。這些都是當時農業發展面臨的重要政策問題，深受各方的關注。[6]

1965年，謝森中第二次赴美進修，在美國明尼蘇達州立大學完成博士論文，拿到博士學位，返臺後，仍回農復會任職。同

6　同註4，頁28。

年，美國康乃爾大學及福特基金會合作亞洲推動振興計畫，邀請他赴菲律賓大學擔任客座教授，主講農業發展理論與實務及農業計畫的擬訂與執行等兩門課，但主要是做專案研究與指導碩博士生。於此同時，亞洲開發銀行於1966年12月在馬尼拉成立，中華民國是創始會員國之一，由於日本政府出資最多，因此歷屆總裁皆由日本指派擔任，亞銀第一任總裁是渡邊武，渡邊武邀請謝森中擔任亞銀投資計畫審核處處長，於是他在1967年3月由菲律賓大學轉任亞銀。

亞洲開發銀行是亞太地區的政府間國際金融機構，對區域內國家提供優惠貸款與技術援助，協助發展經濟。申請國家必須提出具體計畫，陳述技術與財務方面的可行性，並且評估本身償債能力，再由亞銀審查。所以謝森中所負責的亞銀投資計畫審核處，是該組織內最重要也最大的部門。

謝森中說，先前在農復會十五年的經驗，對他在亞銀的工作有很大的幫助。一個投資計畫是否可行，需要在成本效益、技術工程、經濟效益、財務效益、市場和行銷、風險控管、投資計畫管理等方面進行分析，這些工作都不是一門專家能夠勝任，需要科際整合才能完成。所以在他的部門之下，有來自三十多個會員國家的百餘位專家，包括各類工程師、經濟分析師、財務管理專家、農業水利專家、成本市場和企管專家，各項專業人才依個別不同的投資計畫編組，進行個別計畫的評估審核，討論甚至是激辯投資計畫的利弊後，再提報亞銀總裁核可，最終於每週的執行董事會通過後，才能辦理貸款。

為了考察各國經濟及亞銀援助計畫的執行狀況，謝森中走遍了東亞、東南亞、南亞和太平洋各借款國，了解亞銀貸款對各國農工業發展和基本建設的成效，並追蹤貸款計畫執行時的困難及缺失，以謀求改進之道，「使我在工作上頗有專業人員的成就感和滿足感。」[7]

　　前副總統蕭萬長談及第一次與謝森中相遇，是在 1969 年。謝森中代表亞銀到馬來西亞開會，而蕭萬長是我國駐馬來西亞副總領事，「在馬來西亞接待他時，他非常和藹可親，而且很有學問，沒有官架子，因此讓我留下很深刻的印象。我覺得在亞銀有這麼一位代表我們國家的高級官員在那裡服務，實在說，對我們當時每一位在海外服務的人，尤其是東南亞，我們覺得非常光榮。」[8]

　　從 1968 至 1971 年間，我國向亞銀先後取得十一筆的貸款，總額為 9,574 萬美元，相關經費分別用於修建南北高速公路、建立石油化學工業、開發電力資源等用途。我國經濟發展迅速，1972 年起，我國停止向亞銀貸款，之後並主動提供援助，成為亞銀的捐款國家之一。[9] 亞銀成立時，中華民國是聯合國的會員國，當時，沒有任何共產國家加入，但隨著亞銀規模擴大，以及我國在 1971 年退出聯合國後，兩岸在亞銀的席次爭奪漸漸浮上

7　同註1，頁91。

8　同註4，頁24。

9　〈我國參與亞洲開發銀行相關史料〉，財政部網站http://www.mof.gov.tw/museum/ct.asp?xItem=3760&ctNode=41。

檯面。

　　亞銀規定的退休年齡是六十歲，謝森中在亞銀總裁及同仁挽留下，辦理延退兩次，在1981年從亞銀退休，回到臺灣。當時擔任經建會主委的俞國華立即邀請他出任經建會副主委，協助俞國華做國家經濟發展規劃，而由於謝森中在亞銀有豐富的開發銀行經驗，因此在1983年交通銀行董事長出缺，政府就派任他出掌臺灣唯一的國家級開發銀行，協助產業發展與公共建設的進行。

　　臺灣為了保衛會籍，設法與亞銀其他會員合縱連橫，力擋多年後，中國大陸還是在1983年，正式向亞銀提出申請，並要求排除中華民國的會籍。謝森中多次奉行政院長俞國華之命，以他與亞銀高層之間的深厚交情，為保留中華民國會籍在國際間折衝樽俎，請託各會員國採取公正立場，不要一味偏向大陸。

　　在謝森中的口述歷史文集中透露了一段小故事，大陸在提出入會申請後，我國仍希望亞銀總裁藤岡真佐夫能夠主持公道，在近一年多的時間，行政院長俞國華為了保住我國會籍，利用藤岡在桃園機場過境時，進行十多次會談，甚至在1983年10月，俞國華因頸部小瘤開刀後三天，剛好藤岡又要過境臺灣，俞國華忍痛打領帶、著西服，在謝森中與外交部同仁陪伴下，繼續與藤岡磋商。[10] 俞國華戮力從公的精神，由此可見一斑。

　　藤岡雖然是在國際組織亞銀工作，且多次為了臺灣在大陸入

---

10 同註1，〈憶俞國華先生與我國亞銀會籍的維護〉，頁403-410。

會後的會籍名稱，而往返兩岸，但因日本與我國已斷交，藤岡來臺僅過境，而不入境，只在機場貴賓室與我方人員見面。後來國民黨祕書長蔣彥士委婉請日本自民黨幹事長金丸信轉達藤岡，傳達東方人認為「過其門而不入」是不禮貌的行為，才改變了藤岡的態度。後來以中央銀行總裁張繼正的名義邀請他來臺北正式訪問，拜會政府高層，磋商我在亞銀會籍名稱，而且他來了兩次，寫下亞銀總裁來臺訪問的紀錄，藤岡與臺北的互動，頗令北京感到緊張。

然而形勢比人強，亞銀執行理事會在1986年2月20日，通過中國大陸的入會案，而我國名稱則被改為「Taipei, China」（中國臺北），至今我國仍不接受此名稱，仍在抗議中，除了名稱被改外，我國在亞銀中的權利義務皆無改變，政府當年已做了最大的努力。

謝森中在1989年6月1日接受李登輝總統託付，接下一生中最重要的職務「中央銀行總裁」。許多人不明瞭謝森中與李登輝到底有何關係，而能膺此重任？謝森中在口述歷史中，特別有一章節說明。[11] 在1951年，謝森中在農復會任職技正時，要招考一批赴美受訓的技術人員，由他出題，擔任主考。李登輝當時在臺大農經系當助教，也參與考試。考卷彌封開拆後，李登輝是第一名。

後來，謝森中赴美完成博士學位，再返農復會任祕書長，為

---

11 同註1，〈農復會時期與李登輝先生〉，頁513-523。

了強化農業經濟研究，特地再把李登輝從合作金庫挖角至農復會農經組擔任技士，兩人都是農經專家，共事九年，共同出過兩本有關臺灣農業經濟發展的英文著作[12]，還合寫了二十多篇論文，發表在《自由中國之工業》、《中國國際商銀月刊》、《臺灣銀行季刊》等。倆人常結伴下鄉，四處考察鄉鎮農會、水利會、青果運銷合作社的營運及稻米、糖、菸葉的收購價格，兩個家庭也互有來往，於公於私，交情頗深。

「我和李先生在農復會共事時期，均為無黨籍人士，我後來出國赴菲，在菲工作計十六年，李先生加入中國國民黨，並出任黨主席，都是後來的事。我記得我們那個時候，從來沒有談論到政黨和政治方面的是非，都是討論臺灣經濟和農業發展的問題，以及國內外，尤其是美國、日本的好文章和知名學者。」[13] 謝森中於口述歷史中表示。

1989年5月，我國派出財政部長郭婉容赴北京參加亞銀年會，謝森中是交通銀行董事長，是團員之一，並兼任代表團發言人，這是我國第一次有部長級官員訪問北京，備受國際矚目。返國後的第三個週六，李登輝忼儷約謝森中夫婦一起去爬山，兩人在總統官邸單獨會面時，「他一開口即告知我，已決定要我去接任張繼正先生的央行總裁一職，我那時交通銀行董事長已快做滿

---

12 謝森中、李登輝，*An Analytical Review of Agricultural Development in Taiwan-An Input-Output and Productivity Approch*，農復會，1958年；*Agricultural Development and Its Contribution to Economic Growth in Taiwan*，農復會，1966年。

13 同註1，〈農復會時期的李登輝先生〉，頁521。

六年，我即報告李先生，我非國民黨員，去做央行總裁，恐有所不便。他說這個沒有關係，他已與俞國華院長談好了，要我下週一就去看俞院長，安排發表及接任事宜。……所以央行總裁的事，就這樣說定了，而我也是非黨員出任央行總裁的第一人，很出我意料之外。」[14]

從1989年6月1日至1994年5月底，謝森中擔任中央銀行總裁，主持金融大計，這段期間，是臺灣金融走向自由化的關鍵時期。他指出，中央銀行肩負四大任務：對銀行體系的選擇性信用融通、外匯制度與政策發展、物價與貨幣供給（M2）、國際收支與匯率變化。他說，這五年，深深覺得要發揮中央銀行功能並履行職責時，是很大的挑戰，一方面需要豐富的專業學識來應付，另一方面中央銀行的操作也是一種藝術，很難在教科書上學到，要憑個人的智慧、學識、經驗、技巧、應變能力，拿捏分寸，才能達成政策軟著陸（soft landing）的安排。

從1986至1988年，由於我國逐步解除外匯進出限制，對外貿易持續享有鉅額順差，外匯存底大量累積，導致貨幣供給額成長率及貨幣存量持續偏高，再加上國外熱錢流入，過剩資金流向房市與股市，引起金錢遊戲浪潮。央行為了防止景氣過熱，並維持物價穩定，因此從1988年12月起採行多項金融緊縮措施，例如，陸續實施選擇性信用管制、調高貼放利率與存款準備率，並機動發行央行票券，以收縮銀行過剩資金。實施後，檢視國內經

---

14 同註1，頁522-523。

濟指標的表現來看，貨幣供給額顯著下降，物價略走高但未失控，經濟成長率略降，但失業率仍算平穩，謝森中認為，已對股市等金錢遊戲發生冷卻作用，對重振國人工作意願，恢復經濟秩序，具有正面意義。

但是到了 1990 年初，由於民間資本外流及銀行授信成長趨緩、國內景氣低迷、股市不振等因素，貨幣供給額年增率大幅降低，為了提振國內投資意願與經濟景氣，又是謝森中傷腦筋的時刻。因此在 1990 下半年起，央行在兼顧物價穩定前提下，改採適度寬鬆貨幣政策，並引導銀行適度調降利率，貨幣供給額開始穩定成長。謝森中說，為避免市場資金會有一時過剩的問題，央行會在必要時候進行公開市場操作，並採取一些其他適當的措施予以調節，以維持經濟金融的安定。

從 1991 年中開始至 1994 年這段期間，歐美日等國為刺激景氣，相繼採取調降利率的擴張性貨幣政策，與我國利率差距擴大，導致國際熱錢為套利而流入我國，造成新臺幣升值壓力，因此我國央行也循序調降重貼現率與存款準備率等措施。央行地位崇高，任一措施都是動見觀瞻，備受矚目。因此謝森中任內歷次的「調整」動作，在宣布後往往引來學界、工商界、輿論界與立法院的眾多評論，其中有很多「辛辣」的異見。

謝森中在口述歷史中總結答覆表示，央行採取這些貨幣措施時，以貨幣政策有效性為前提，希望藉此引導國內經濟往「物價安定和協助經濟成長」的貨幣政策最終目標前進，同時要考慮不致對國內經貿金融各層面產生衝擊，因此是採取多次微調的軟著

陸策略。

　　其次，他表示，當年國內景氣表現並不差，溫和的通貨膨脹率為央行的適度寬鬆貨幣政策提供基礎與空間，而歷次調降重貼現率等貨幣措施，並不是以刺激國內總和需求為目的，而是在提升民間設備投資和累積資本財，以提高全體經濟的總生產能力為目的。

　　許多人批評我國央行都是在美、日等主要工業國家降低重貼現率後不久，才會跟著調降，央行沒有主見等議論。謝森中說明表示，眾多總體國際金融的研究均指出，在利率自由化及國際資本流動自由化的情形下，小型開放國家的利率水準，會受國際利率水準的影響，當國外內利差擴大時，將引起國外資金流入。如此一來，勢必增加準備貨幣，促使貨幣供給額成長加速，造成通貨膨脹及新臺幣升值的壓力，不利廠商出口。因此他強調，央行的貨幣政策調整，表面上看起來是追隨國外政策，其實是基於對國內經濟、物價水準、金融與貿易等各種情形的考慮才採行的措施。[15]

　　關於謝森中在央行總裁任內的作為，曾任央行業務局長，與他共事五年的林維義指出，臺灣證交所股價指數從1985年的750點，一路漲至1990年2月10日達12,682點，已經形成以股票和房市炒作為特點的泡沫式經濟。在央行採取緊縮貨幣政策下，股價指數從1990年2月10日的12,682點頂峰往下降，在同年10月

---

15 同註1，〈中央銀行總裁任內經驗〉，頁165-166。

1日降至谷底的2,485點，下跌幅度高達80%，對臺灣經濟的泡沫現象有著相當程度的控制。經濟成長率自1989年的8.2%，下降至1990年的5.4%，但是往後連續四年都有7%的快速反彈，可見央行當時採取「壯士斷腕」的強烈緊縮貨幣政策，再以「鬆緊帶」貨幣政策持續操作，以控制貨幣供給額年增率、貨幣市場同業拆放利率的穩定，使得我國經濟在1990年後穩定成長，因此在1997年亞洲發生金融風暴，我國能夠安然度過，應是我國在1989、1990年間以貨幣政策為主導，提前將泡沫戳破，迅速恢復穩健成長所採行的策略正確所致。這也就是說，謝前總裁在位時所採行的貨幣政策操作措施，功不可沒。[16]

　　前行政院副院長邱正雄，在謝森中任央行總裁時，是央行副總裁並兼任經濟研究處處長。他形容謝森中是「求真、率真的中央銀行家」。外界對央行的外匯政策，總以為它蒙上一層神祕的面紗，愈看不清楚，愈有興趣探詢。邱正雄說，謝總裁在就職典禮上就主張政策透明化，追求透明化是謝總裁率真個性使然，他的率真個性留下很多令人喜歡引用的名言，例如「央行貨幣政策有如鬆緊帶」、「中央銀行須獨立而不孤立」、「中央銀行總裁在匯率調整政策未公布前有說謊的權利」及「匯率須呈動態穩定」等。

　　邱正雄也為謝森中辯白表示，央行做決策時面臨很多不確定的變數，有些資料不是馬上可以得到，例如政策目標的就業水準

---

16 同註4，林維義，〈謝森中先生：中央銀行貨幣政策「獨立而不孤立」之執行者〉，頁211-212。

或我國潛在國內生產毛額，就不易精確估計，因此在決定採取利率政策時，採平滑（smoothing）操作，美國聯準會的利率調整也是逐步調整，而非一次調足，謝總裁的鬆緊帶政策與聯準會主席葛林史班的政策調整方式相同。

在邱正雄眼裡，謝森中是一位以國事為己任的金融領導人。他追憶起有一次，謝森中與他閒聊了一段話，「你我都是鄉下孩子，很幸運都得到博士學位，像我們這種境遇的人很多，但能當上央行總裁、副總裁的人卻很少，我們應該珍惜這種機會，好好為國家做事。」邱正雄說，「這句話一直是我的座右銘。」[17]

現任的央行總裁彭淮南，在謝森中任央行總裁時，是經濟研究處的處長，謝森中慧眼識幹才，把彭淮南拔擢為外匯局長，並賦予他發展臺北外幣拆款市場的重任。彭淮南說，從1989年做經研處業務簡報開始，至謝森中在2004年安息，十五年的時間，有幸追隨左右，對他的為人處事風範感佩不已。

彭淮南說，謝森中在總裁任內積極拓展金融外交，與前駐宏都拉斯大使黃傳禮合作，促成我國加入中美洲開發銀行，也使我國央行成為東南亞央行總裁聯合會的成員，並與美洲開發銀行、歐洲復興開發銀行建立往來關係。因為如此，謝森中不辭辛勞，經常出國洽公。彭淮南追隨他同行過兩次，印象很深刻的是謝森中一上飛機就能入睡，一下飛機就可馬上出席會議，體力與毅力驚人。

---

17 同註4，邱正雄，〈求真、率真的中央銀行家〉，頁209-210。

謝森中在1989年下半年指示彭淮南籌劃建立臺北外幣拆款市場,在1990年交易量為1,449億美元,在2003年交易量已高達1兆5,583億美元,在十三年之間交易量成長十倍,「如果他知道成長這麼快,一定很高興。」在1993、1994年,謝森中指示彭淮南分別在紐約、倫敦成立代表處,使中央銀行能夠在國際金融市場上,每天二十四小時都能從事交易。謝森中並希望,國際間銀行的拆放利率在倫敦稱為LIBOR,新加坡稱為SIBOR,有朝一日,臺灣在國際間打出名號稱為TIBOR。[18]

謝森中在1994年自央行榮退後,仍然在學術機構中華經濟研究院、民間金融機構臺灣工業銀行等任職,繼續貢獻心力。在走過豐富的一生後,他於2004年4月24日,病逝於美國子女奉養處。

謝森中在1999年接受國史館口述歷史的邀約,兩年完成後出版,今天我們才能看見他為求國家與社會進步所做出的努力與心血。他在訪談錄中數度表示,「沙坪風光,中大八年是我的大學和研究所教育最重要的階段,也是我結識內子延禧和交往三年不能忘懷的地方,河山遠隔,北望雲天,離別它已四十年了,想嘉陵江上的清風,磐溪的流水,歌樂山頭的雲片,沙坪壩的斜暉,應仍依舊迷人,惟人事已非,我也度過花甲的年華,能不感慨?」[19]

謝森中的出生與成長皆在中國最苦難的時期,但他不曾為苦

---

18 同註4,彭淮南,〈追憶謝總裁森中先生〉,頁23。
19 同註1,〈中大之戀〉,頁483。

難所打倒，在貧困中仍勵志向學，以國家興亡為己任；在學成後，對國家，乃至國際社會均有貢獻。他是「先天下之憂而憂，後天下之樂而樂」時代的代表，一代哲人雖已遠離，但他留下的風範，令人無限景仰。

參考文獻

紀念謝森中先生國際學術研討會籌備委員會編輯，2005，《寶樹堂前花正茂：謝森中先生逝世周年追思錄》。臺北：中華經濟研究院。

謝森中、李登輝，1958，*An Analytical Review of Agricultural Development in Taiwan-An Input-Output and Productivity Approch*。臺北：農復會。

謝森中、李登輝，1966，*Agricultural Development and Its Contribution to Economic Growth in Taiwan*。臺北：農復會。

謝森中口述，卓遵宏、吳淑鳳訪問與記錄整理，2001，《謝森中先生訪談錄──謝森中先生半世紀專業經驗》。臺北縣：國史館。

〈我國參與亞洲開發銀行相關史料〉，財政部網站，http://www.mof.gov.tw/museum/ct.asp?xItem=3760&ctNode=41。

〈羅家倫次女訪中大〉，《中大校訊》，2012年7月，第173期，http://sec.ncu.edu.tw/ncunews/173/fundRaising_102.html。

古道照顏色——全球金融資產泡沫籠罩下緬懷邢慕寰院士

吳惠林

財團法人中華經濟研究院特約研究員

一、楔子

　　自 1930 年代以來，泡沫經濟就如影隨形與世人同在，尤其 2010 年代中國在近四兆美元天文數字的外匯存底下，更被稱為有生以來最大的泡沫，而其成形也讓我們想起 1980 年代中期到 90 年代初臺灣的泡沫經濟，「臺灣錢淹腳目、淹下骸、淹鼻子」的游資泛濫情景，讓臺灣成為「一座漂浮的賭城」。當時，臺灣的有識之士曾大聲疾呼重視問題的嚴重性並提出化解之道，其中，最積極、最有力道的非邢慕寰院士莫屬，他曾提出「中央發展外匯資金」作為因應，然未被採納，也促使邢院士封筆。如今「印鈔救市」政策依然盛行，游資泛濫更肆虐全球，不免讓我們欽佩邢院士的高瞻遠矚，也讓我們更加懷念他，更讓我們想知道邢院士究竟是如何培養成高超見解的。

　　邢院士在其 1986 年出版的《通俗經濟講話——觀念與政策》一書中第十二講〈技術官僚主義與晚近經濟迷思的危險〉一文中指出，「技術官僚主義」與晚近「經濟迷思」的危險，前者

是指第一次世界大戰之後，美國所出現的一個主要由科學家和工程師組成的研究技術對社會影響的改革團體，之後被稱為「技術官僚學派」（Technocrats），其政治主張則被稱為「技術官僚主義」（Technocracy）。他們深信，社會經濟秩序已經複雜到一般政治家所不能了解和控制的程度，社會制度及全社會的經濟資源均應交由科學家及工程師們管理。後者則指1980年代美國一些知名的經濟學家所提倡美國經濟和社會結構改造的構想，這些美國經濟學家，邢院士舉佘羅（Lester C. Thurrow）[1] 為代表。佘羅自1981年起就在報紙和通俗性的雜誌上發表一連串的文章，並且出版了多本書，對美國的經濟政策及其背後的經濟自由主義表示極端的不滿。邢院士特別指出1985年的《零和解決方案——建立一個世界級的美國經濟》（*Zero-Sum Solution — Building A World-Class American Economy*）這本書，該書主張美國應該擺脫強烈個人主義的支配，並由政府制定工業政策。其重點是由政府、工業與勞工在研究發展、投資、貿易及工業重整各方面協同尋求新方向，然後由勞資雙方作成協議；這樣的協議經政府認定後，

1　臺灣的媒體往往譯其名為「梭羅」，由而曾被誤為是1987年諾貝爾經濟學獎得主Robert Solow。國人對於佘羅應不只陌生，可能會很熟悉，特別是他在2000年的著作《知識經濟時代》（*Building Wealth–The New Rules for Individuals Companies and Nations in a Knowledge-Based Economy*）正迎合時代風潮，在前行政院長唐飛正式揭示知識經濟為施政軸後，更吸引國人爭先恐後欲睹該書。不過，此君名聲雖響但爭議也不小，除了早在1980年代就被邢院士點名外，在1997年7月亞洲金融風暴聲中一舉成名的克魯曼（P. Krugman，2008年諾貝爾經濟學獎得主）更是聲嘶力竭地對他大肆批判，特別對佘羅的國際貿易「戰爭」之主張及隨後發展出的「策略貿易政策」，致國家間競逐國家競爭力，使「貿易保護」成為常態，於是「國家主義」理念被強化深不以為然。這方面的詳細評論請參見克魯曼所著的《全球經濟預言》（*Pop Internationalist*）和《沿街叫賣的繁榮》（*Pedding Prosperity: Economic Sense and Nonsense in the Age of Diminished Expectations*）兩書中譯本。邢院士將Thurrow中譯為「碩若」，發音如「瘦肉」，不知是否有貶意？

即成為正式的政策，並即由政府以控制補助費的方式，以確保其執行。

　　邢院士雖將佘羅等的經濟迷思單獨分析，但隱約仍將他們與技術官僚主義歸為同類，因為本質上都要政府強力管制經濟，特別強調對某些產業發展的扶持。邢院士特地以日本和美國的對比來顯示，日本的通產省扮演非常積極的角色，而得到傅高義在《日本第一》書中高度稱讚，但邢院士在1986年就對此質疑，甚至引用「日本若無通產省，經濟成長率可能更高」的說法來表達自己的立場。1997年7月亞洲金融風暴前後，日本泡沫經濟破滅的景象，正是政府干預過度的後遺症。邢院士這篇文章旨在提醒若任由技術官僚主義和佘羅等經濟迷思產生強大吸引力，且任其浸淫灌輸，日久之後未始不能變成牢不可破的既定觀念或成見，後果之可怕不堪想像。

　　邢院士對觀念力量的威力有著刻骨銘心感受，也深知一旦某個觀念在腦中植根之後，要轉變都很不可能了，何能奢求連根拔起呢！而且當事人往往在不知不覺就在日常行為中顯露出來，對負有國家決策者更不例外，因而更應慎乎始。其實，由古人所言「人者，心之器」即可得知文化歷史悠久的中華民族，早有此種感受，而西方也不只凱因斯（J. M. Keynes, 1883-1946）有警語，華裔國際著名產權經濟學家張五常教授也曾在1981年〈中國會走向「資本主義」的道路嗎？〉這篇先鋒性文章裡，於正文前就引用艾馬‧戴維斯的「拔除一個信念要比拔除一顆牙齒還要疼痛，

況且我們沒有知識的麻醉藥」[2] 來指明拔除共產、社會主義思想的困難。拔除既得觀念固然極端困難，要根植一個觀念也不容易，正如邢院士所言的需經長久的「浸淫灌輸」。

邢院士反對技術官僚主義，而且不認同余羅的經濟觀念，他擔心臺灣經濟首長因大都出身自科學家及工程師，在對技術官僚主義可能一無所知下，原本對社會制度及全社會經濟資源就抱持著應加以「管理」的看法，而此看法與技術官僚派十分接近，一旦再感染到這種流行，恐怕將變本加厲，於是對市場機能輕視和對經濟計畫與管制熱衷就頗為自然，那麼，由尹仲容先生好不容易帶動的自由經濟政策就會成為只是一時趨向，其徹底實行將無限拖延，才寫出該篇警文。由之後臺灣經濟政策的演變和邢院士此後的文章都可以得知，邢院士的呼聲作用不大。雖然如此，邢院士的先知性、不畏權威、不迎合潮流，唯真理是從的磊落個性卻在此一覽無遺。那麼，邢院士所堅持的真理是什麼？可以說就是「自由經濟觀念」及其衍生出的自由經濟政策。為什麼邢院士會死心塌地、至死不渝地尊崇自由經濟觀念？他是否經歷了浸淫灌輸過程？

二、邢院士生平及扎根自由經濟的心路歷程

邢慕寰院士於 1915 年 8 月 1 日在中國湖北省黃梅縣出生，

---

2 張五常的這篇文章收在其《中國的前途》（張五常作品二）這本書中，頁169-246，臺灣版由遠流出版公司於1989年5月1日出版。

1926-31年在家鄉私塾「龍華精舍」就讀，師從宿儒邢竹坪先生，學習古文史和詩詞歌賦，奠定爾後為文作詩詞的堅強基礎；1931-33年就讀黃梅縣立中學；1934年寄讀私立群化中學，1935-37年就讀省立武昌高中。

　　1937年7月7日盧溝橋事變，日本終於完全暴露鯨吞中國的野心，開始發動全面性的對華侵略，那時的邢院士剛讀完高中二年級。依照慣例，同學們在高中二、三年級之間，就開始考慮畢業後將報考哪些大學和選擇哪些科系；邢院士在無意間受坊間流行書刊的影響，決定將來修習經濟學。

　　1938年邢院士進入國立中央大學就讀經濟學系，雖漸發現經濟學並非如他當初所想像的學科，但亦不願轉系，然而不久就受思想問題困擾。那時同班同學雖僅有十八人（畢業時剩十三人），而政治派系紛陳，且有一位教授公開宣揚馬克思主義（雖然他否認是共產黨徒）。邢院士對政治活動毫無興趣，但對中國經濟將來應該走什麼路線卻頗關心。當時的他受了一點左派影響，以為當時中國所具備的社會經濟條件，似不宜走西方的資本主義路線，因而比較傾向於某種形式的計畫經濟。在修完大學三年級的暑假中，邢院士開始構想四年級修業期滿時必須繳交的畢業論文。那時的邢院士深信中日戰爭不久即將結束，而且中國必勝；但是戰後經濟重建與發展所需財源的籌措，卻是一件很困難的事。當時中國自然要仰賴外援，但自己也應該盡最大的努力。於是邢院士參閱有關的文獻，首先想到的就是蘇俄經濟建設的經驗。

在讀了幾本關於蘇俄在這一方面的英文書籍之後，邢院士驚駭的發現，蘇俄主要是以高壓手段強制派稅，以籌措經濟建設所需用的資金。但是，由於民間經濟誘因幾乎全被扼殺，而中央計畫當局對經由強制派稅而籌集的資金又不知如何有效利用，以致全國經濟狀況逐年退化。其間所發生的許多悲慘故事，令人不忍卒讀。鑒於事態的嚴重，列寧終於被迫於1930年有限度的恢復資本主義——這就是所謂「新經濟政策」。這個發現，頓使當時的邢院士恍如大夢初醒，從此再也不談什麼計畫經濟了。

1942年大學畢業後，邢院士應徵入前資源委員會經濟研究室（後改為所）工作。那時資委會主任委員為翁文灝先生，副主任委員為錢昌照先生。翁先生主要關心政務，而錢先生則主要關心政策——尤其是對下屬的思想指引。錢先生曾在英國倫敦大學研究政治經濟，深受費邊學派的影響，主張以漸進方式在民主政治體制內實現社會主義的理想。所以在每次週會中，他不斷對同人灌輸三民主義中的民生主義在基本上等同費邊主義的理念，並強調國營事業的社會使命（那時全國工礦電等重要事業大部分已歸資委會管轄）。浸淫既久，邢院士也漸漸覺得在資本主義與共產主義之間，結合民主政治的架構與社會主義的理想倒不失為比較合乎國情的另一選擇。

然而，邢院士的這個信念也並沒有維持太長的時間。領導英國人民擊敗德意志納粹軸心的保守黨，在戰爭結束後不久即為承襲費邊主義的工黨所取代。工黨政府除迅即立法使涉及全民利益的大企業轉移為國營外，「由搖籃到墳墓」的福利國家計畫也陸

續付諸實施。那時，英國的國力尚未完全恢復，以前殖民地的喪失更削弱其經濟基礎；而當時國營化企業經營效率的低落和福利國家政策的浪費又時有所聞，更使英國經濟一蹶不振。邢院士自忖，以英國民智之高，守法精神之強，工黨施政方針猶不能有效施展，以福國利民。若欲行之於教育落後、法制不修之偌大中國，似乎有些過分浮誇，不切實際。而由英國企業國營化的經驗，也使他開始懷疑政府干涉企業經營方針是否明智。

這個懷疑，在邢院士於1945-46年到芝加哥大學進修期間才獲廓清。在這一方面，對他影響最大的有三位大師，即奈特（Frank Knight）、范納（Jacob Viner）和海耶克（Friedrich Hayek）。奈特講授經濟思想史，范納講授經濟理論和國際貿易政策。邢院士由這兩位大師所得到的政策啟示，是任何干涉政策（除對壟斷市場行為和法律禁止的經濟活動施行者外）必然影響經濟效率；資本主義雖有缺點，但是它的活潑創造力，使它還沒有可被取代的經濟制度。

在某種意義上，對邢院士影響更直接的是海耶克教授。他在1946年春季才到芝加哥大學任教，而且只開了一門專題討論（seminar）課，主題是美國企業壟斷個案分析。參加者約僅十人，幾乎全部都是教授講師，以及正在寫博士論文的研究生。邢院士抱著好奇的心理前往旁聽了幾次，只能大略體會海耶克開這個課的目的，似乎是藉此探索美國獨佔和寡佔企業的營運對美國經濟制度的影響。以後邢院士雖然沒有再去聽講，卻趁機讀了海耶克的兩本名著——即1935年出版的《集體經濟計畫》（海耶

克擔任主編）和1944年出版的《到奴役之路》。

前一本書邢院士在出國前曾經粗略讀過，但是大部分不甚了了。那一次重讀，才深切領悟集體經濟計畫在理性上根本不可能實行的道理。更重要的是，為著實行集體經濟計畫而要求人民所做的犧牲，絕對不可能實現社會主義者浪漫的憧憬——即超越資本主義制度的表現；實際上，他們的犧牲所換來的，只是更落後與更貧窮。後一本書——《到奴役之路》——主要是警告西方資本主義國家，不要動輒尋找藉口，干涉私人經濟部門，以免不自覺的陷入計畫經濟的泥沼，而走向奴役之路。（在海耶克的心目中，集體經濟計畫完全剝奪了人民選擇的自由，人民的地位實際上等於奴隸。）邢院士認為，這本書雖然有些誇張，以致引起強烈批評，但是，如果把它作為對第二次世界大戰以後某些新興國家的預警，則其適切性似毋庸置疑。

1946年10月後的半年間，邢院士追隨顧志耐教授（Simon Kuznets）在紐約國民經濟研究所（NBER）學習國民所得與國民會計。顧志耐之所以對邢院士垂青，乃因那年暑假顧志耐受聘到南京資源委員會擔任了三個月經濟顧問，而邢院士正是由資委會派到美國進修經濟的學生。有一天顧志耐帶來一本厚厚的卷夾，其中包含他在南京期間關於中國國民所得估計的討論、被邀出席多次學術座談會的講話，以及演講稿等。邢院士發現，演講稿中竟有一篇是用頗不尋常的語氣對資委會總部全體同人發表的（主持人正是錢昌照先生）。在講稿中，顧志耐特別強調，全國生產資源的調配，應由市場力量決定。因為只有這樣才能充分發揮其

利用效率，從而促成最大可能的經濟發展。邢院士特別注意這一段話，乃因它與奈特、范納、海耶克的語氣幾乎相同，而不像是出自顧志耐本人之口。

邢院士猜想，在1946年暑假顧志耐擔任資委會經濟顧問的期間，正是資委會發展的顛峰（它的實力因為接收東北前由日人經營的許多大型企業而迅速膨脹），那時錢昌照先生已經高升主任委員，聲望如日正當中，很可能已經開始經營類似英國工黨的經濟政策；但是顧志耐卻擔心這個可能的發展對尚未起步的中國經濟，將會產生不利的影響，在不便直接進言的情況下，顧志耐才決定利用這個機會向資委會全體高級及中級人員，不露痕跡的宣揚他認為正確的經濟政策理念。顧志耐特別強調市場機能，正是要與可能即將籠罩全中國的企業國營化政策作一對照。由此方可看出，雖然顧志耐的治學方法不容許他提出未經事實確證的假設，但他對市場機能調配生產資源的效率還是深信不疑。邢院士表示，這個故事更加深他對自由經濟政策理念的信心。

1948下半年，大陸政局逆轉，次年初邢院士就奉調來臺。那時臺灣已宣布進入「非常狀態」，一切施政決策，自不能以常情論。然而當局並非只作暫時打算，而決心建設臺灣為「復興基地」；故凡施政決策，均兼含長遠之計。邢院士對當時政府實施的經濟政策十分關心，每見其手段與目的自相矛盾之處，輒欲一吐為快。機緣巧合下，自1950年起邢院士先後被當時幾位經濟領導人延見，參與臺灣經濟政策的討論。由於他所抱持的自由經濟政策理念與他們所習用的管制經濟理念很難溝通，往往大費唇

舌而意有未逮，乃綜合多次關於各項重要問題的爭辯，於1954年撰成其第一篇以結合理論與實際的方式有系統的陳述自由經濟政策的專論：〈經濟較量與經濟政策〉。[3]

　　邢院士在1950年初曾輔導行政院主計處（如今的主計總處）建立國民會計系統，之後定期參與國民所得統計評審。1950-53年擔任台糖公司經濟分析師；1953年受聘為臺大商學系副教授，1958年升為教授，直到1985年退休。1955-57年，邢院士擔任哈佛－燕京訪問學者（Harvard-Yenching Visting Scholar）。1950年代後期起，邢院士就與劉大中、蔣碩傑、顧應昌、鄒至莊、費景漢等合提財經政策供政府參考，而邢院士為執筆者。1960-68年，邢院士擔任國家長期發展科學委員會講座教授。

　　1962年邢院士受命籌備中央研究院經濟研究所，1970年正式成立後，邢院士擔任研究員（1962-85）兼第一任所長（1970-76），1966年7月24日邢先生當選中央研究院院士（第六屆）；1967-68年再獲選為哈佛－燕京資深訪問學者；1967年7月參與籌劃臺大經濟學博士班計畫，1968年8月1日正式成立，邢院士參與教學工作；1973年應香港中文大學聘任經濟系講座教授，並在1973-82年間先後兼任社會科學院院長及研究院院長；1982年獲頒香港中文大學榮譽博士，且受聘為中華經濟研究院研究顧問，直到1999年病逝於臺北榮民總醫院。

3　這幾段改寫自邢慕寰，〈自序〉，《臺灣經濟策論》，1993年。

可以說，1915年8月1日在中國湖北省黃梅縣出生，1999年10月30日卒於臺灣臺北的邢慕寰院士，在人世間八十五年的歲月中，一半以上（五十年）的時光與心力奉獻給臺灣社會經濟之研究與發展。其行誼綜合簡述如下：

邢院士為一介書生，卻是這一代學界之良心；他一生兩袖清風，卻學貫中西；他為千萬學子之良師，亦為執政當局之諍友；他為學術研究之典範，亦為引導經濟發展之尖兵。其人雖與世長辭，其窮理研機為社會為人民之精神將永垂不朽。

邢院士曾長期擔任國立臺灣大學教授，短期為香港中文大學講座教授。為提高教學水準，曾參與臺大經濟學博士班之籌辦；為培植研究人才，提高研究水準，創辦中央研究院經濟研究所；為改善賦稅制度，參加賦稅改革工作；為提供建言，應邀擔任政府主計、經建部門之顧問。

邢院士向以嚴謹、務實之態度治學，以深入淺出，諄諄善誘之方法教學，他運用現代經濟理論於經濟問題之剖析與解決，堅持自由經濟理念於經濟政策之擬定與批判；他最早介紹國民會計制度於國內，並協助政府編製國民所得，試算投入產出表。他也是最早強調經濟預測之重要，並採用計量模型法為工具。作為一代學人，他風骨嶙峋，不忮不求，始終如一。

三、邢院士留下的珍貴資產

受邢院士提拔並追隨邢院士的于宗先院士，在2000年邢院士逝世一週年舉辦的「邢慕寰院士的經濟理念、政策與學術貢獻」研討會實錄的〈序言──邢慕寰院士留下的珍貴資產〉中，特別提到邢院士的「詩人情懷」，他說：「在經濟學者中，能夠寫詩填詞者並不多，作為一位傑出的經濟學者，邢院士不只熟悉經濟原理，而且也是位熱情洋溢的詩人，他愛國憂民的情懷，從他的詩詞中表露無遺。他自中學時代就嘗試寫古體詩，而且不因戰亂頻仍顛沛流離而中輟。」

在邢院士在世的最後十年，儘管體弱多病，常與死亡搏鬥，寫詩更勤。除極少數的詩贈摯友外，均藏在書房內自賞，直到邢院士過世後，才被發現其寫的詩篇如此之多，經蒐集整理後以《邢慕寰院士詩詞選集》為書名，由中國國際商業銀行文教基金會於2000年成書出版（非賣品）。

邢院士除在戰時初期接受過中央大學的大學正規教育外，再未接受過正式的碩士、博士訓練，然而，他數次去芝加哥、哈佛、耶魯大學進修，接觸過世界一流經濟大師，使他的研究水準，勝過很多具博士學位的人。在1972年，他是以講座教授的身分，應邀為香港中文大學經濟系的教授，到1982年，香港中文大學授予榮譽博士學位，以表揚他在經濟學術上的成就。

邢院士治學甚嚴，而且用功甚勤，即使臥病在床，仍手不釋卷。他讀書力求了解，而且用批判的眼光去吸收。他撰寫論文，

一改再改，不怕麻煩，論文既成之後，也不會馬上就去發表，他還是要考慮再三，直到自己滿意為止，他不輕易在報紙上發表文章；一旦決定發表，總想擲地有聲，引起共鳴。

邢院士的學術論文，在2002年5月由吳惠林和傅祖壇兩人結合眾力編成《邢慕寰先生學術論文集》，共有五冊，第一冊為「經濟成長篇」，蒐錄〈臺灣經濟進一步發展的阻礙——臺灣大學二十週年紀念演講詞〉、〈臺灣現行肥料換穀制度之改進建議〉、〈臺灣經濟成長之綜合觀察〉、〈所得分配與經濟成長階段——以英國、美國、日本、臺灣、南韓的經驗印證〉、〈政治與社會的創新對現代經濟成長的重要——顧志耐教授的研究留給我們的啟示〉，以及〈臺灣經濟成長與結構變動的進一步觀察——顧志耐教授遺著的延伸與推展〉等六篇論文。

第二冊為「技術進步篇」，蒐錄〈「產量效果」與要素需求〉、〈臺灣工業發展與貿易政策之檢討〉、〈臺灣製造業剩餘生產力之分析〉、〈關於測量「技術變動」的一些基本考慮〉、〈工業出口、技術革新、與長期發展政策〉、〈再論臺灣工業長期發展政策〉、〈技術進步、資本增長、及資本報酬率變動間接測量之嘗試〉，以及〈1962-81年臺灣製造業技術進步、單位勞動平均資本增長率、及單位資本報酬變動率的間接測量〉等八篇論文。

第三冊為「國民所得篇」，蒐錄〈1929-44年臺灣國民所得的研究〉、〈1972年度經濟學門諾貝爾獎金得主赫克斯教授〉、〈建立「一般化」國民會計系統的一個提示〉、〈香港國

民所得與社會會計：1950-1980〉，以及〈民國53年～71年臺灣所得分配、戶口組成、及嗜好變動對民間消費影響的剖析〉等五篇論文。

第四冊為英文論著 *Industrialization and Trade Policies in Taiwan*，本書係邢慕寰院士在OECD發展中心支持下所獲得的研究成果，對於臺灣的傲人工業化和經濟發展實績之貢獻因素，作了廣泛觀察和研究，特別對政策和發展過程的陳述有獨到見解。本書也讓國際人士對臺灣經濟發展奇蹟的完成，有清晰正確的認識。

第五冊為 *On The Measurement of Aggregate Production Functions and Other Essays*，本書蒐錄的七篇英文論文係分別對總合生產函數的測量、臺灣韓國發展經驗的比較、馬夏爾（Alfred Marshall）的引伸需求第三法則在替代效果和產量效果之啟示，homothetic效用函數需求體系的可測性和實證適切性、正統需求理論的實證適切性，以及Stone-Houthakker-Tayler動態直線需求體系，作更為一般性處理的嚴謹學術研究成果。

除了學術論文外，邢院士自己出版兩本較為通俗的著作，一為1986年的《通俗經濟講話──觀念與政策》，二為1993年的《臺灣經濟策論》。前者完整闡述邢院士抱持的自由經濟觀念，後者則是其自由經濟政策之闡揚。

邢院士除了自我治學、研究成果豐碩外，對推動臺灣的經濟學術發展更是無人出其右，于宗先院士將之分成四項：

一是對培植後進不遺餘力：在二次大戰後的二十年，臺灣的

學術界相當貧乏，在經濟學方面，無論教學與研究均很落後，一個人的能力再強，也難以改變當時的環境，邢院士除了自己腳踏實地鑽研外，還設法培植年輕一代，追趕上時代，於是他接受了中央研究院王世杰院長的邀請，籌備經濟研究所。由於研究人才缺乏，他決定親自訓練，奠定初級研究人員的經濟理論基礎及分析經濟資料所用的工具，同時設法找尋獎學金，送研究人員出國進修。

二是對推動國內經濟學界合作起帶頭作用：1966年，于宗先院士自美國學成返國，被邢院士指派主持大臺北地區經濟學研討會，在當時的臺灣尚不流行研討會，經濟學界為首創，當時邀集臺北地區經濟學界的學者，每二、三週即舉行一次研討會，直到1980年底，各校學術研討會蔚成風氣後，始告停止。

三是推動臺灣經濟發展研究：在1967年，邢院士要求于宗先院士籌辦臺灣經濟預測，使中研院經濟所的預測成為臺灣預測經濟最早的機構；並以臺灣經濟發展為經濟所研究的主要工作，包括臺灣的農業發展、工業發展、對外貿易、物價問題、人口問題、所得分配等。

四是對促進國際學術交流最為積極：在1967年夏，臺灣第一次舉辦國際性臺灣經濟發展會議，邀請到世界上最著名的經濟學者，包括 Simon Kuznets（顧志耐）、Walter Galenson、Erik Thonbecke、Gustav Ranis、Maurice Scott 等外國學者和留美中國經濟學者，如劉大中、蔣碩傑、顧應昌、費景漢、鄒至莊等，而負責籌劃這個會議的，則是在中美學術委員會支持之下，由邢院士

安排的。在這個會議中，有兩個建議得以付諸實施：一為在臺灣大學成立經濟學博士班，以訓練高級經濟人才；一為行政院成立全國總供需估測小組，負責定期經濟預測作年度預算編製的依據。除此，邢院士在主持經濟所期間，也盡量找錢，用來邀請國際上著名的經濟學者來臺演講、參觀，如諾貝爾經濟學獎得主 John Hicks、Simon Kuznets 等。一方面提升國內學術水準，另一方面也使他們多多了解臺灣經濟的發展。

四、邢院士的自由經濟觀念和政策

邢院士經過自由經濟觀念的浸淫灌輸，終其一生堅定信守並化為自由經濟政策建言，很有必要更詳細的介紹，而《通俗經濟講話》和《臺灣經濟策論》這兩本書就是最好的詮釋。關於第一本書，正如1995年底去世的自由經濟學前輩，也是影響臺灣民主思想扎根極其重要的《自由中國》（1949年11月誕生，1960年9月被禁）半月刊社論主筆夏道平先生（1907-1995），在1986年9月29日刊於《中國時報》的〈一本新書的讀後感〉書評所言：

> 就它所涉及的理論之不艱深，所徵引的事實之不罕見而言，就它儘量少用專門術語，儘量避免學究的論式而言，這本書確是名實相符的通俗講話。可是從經濟學教育的觀點來看，這本小書（約十五萬字）的教育價值卻遠高於一般的大學經

濟學教科書。這是因為它通俗,特別有利於教學的普及;更因為,也是更重要的,它不僅沒有像(當代)的經濟學教科書裡面的那種曲解和誤導,而且特別著重於指責和糾正當今流行的一些錯誤觀念,以及受這些觀念影響的經濟政策。而且在其爽朗明快的指責和糾正之間,有習見的事實,有簡明的理論。事實與理論交織成的文章,讀起來特別引人入勝,因而更可收到教學效果。這又是一般教科書望塵莫及的。

邢院士這本書「是以通俗經濟講話的方式,尋求基本觀念的溝通」,該書共有十二講以及四個附錄,都圍繞著「自由經濟」這個核心,將政府在市場機能運作下的角色儘量說清楚。若能順序讀完這十二講,的確是一部精簡的有系統經濟學課本。夏先生建議說,唸過大學經濟學的人,最好把它從頭到尾每講讀一讀,不只會有「學而時習之」樂趣,更重要的還可清除或有的先入為主之謬見;而未學過經濟學但關心經濟問題和當前經濟政策者,則無妨挑自己所想讀的、所能讀的幾講來讀,不必「付出相當大的耐心」(邢院士的話)一開始就順序讀它們。這本書通書都扣著自由經濟觀念,將市場機能、市場內的行為人,以及政府和體制間的關係娓娓道來。

至於第二本書,幾乎涵括邢院士的主要自由經濟政策論點,做人、行事都一絲不苟的邢院士,已在該書的〈編輯解說〉中,將其經濟政策依時間先後作「階段性」分成三個時期:起自1950年代,迄1980年代,先是「臺灣經濟發展初期政策檢

討」，再來是「長期經濟發展政策申論」，最後是「中央發展外匯基金建議及有關討論」。第一階段是1950到1960年代，只有三篇代表性文章，第二階段是1980到1988年，共選了七篇文章，最後階段則是1980年代末至1990年代初，主要以「中央發展外匯基金」作論題，前後共有七篇文章。邢院士自己招認1960年代初以至1980年前後，留了將近二十年的空白，他說是因為籌設及接任中央研究院經濟研究所所長的十年間，時常勸告同事，經濟學家不應把自己關在象牙塔內，但在治學扎根期間，卻不宜在普通報刊上亂寫時論，以求成名。邢院士以身作則，乃向同事們承諾他自己也儘可能不寫時論，因而這段期間邢院士的時論發表紀錄實際為零。不過，邢院士也坦承，他之所以許那種諾言，多半是因其覺得1950年代阻礙臺灣經濟發展的重要問題及解決方法，已都在〈經濟較量與經濟政策〉這篇專論中交代了，且其眼見50年代後期以至60年代初期外貿改革成功，乃期待尹仲容先生逝世後的經濟接班人，繼續走向自由開放道路，使臺灣經濟脫胎換骨，步入發展國家之林，於是在滿心期待中未提筆。對此，邢院士也非常明白地為其「因預期錯誤而未多盡言責深感愧疚」。[4] 不過，邢院士也補充說，1974-78年間，所謂「財

---

[4] 或許就由於這樣的感慨，邢院士不但在1980年代後期及1990年代初期的時論中，一再批駁未能接下尹仲容自由化棒子的決策官員及所採行的政策，而且也藉著一些機會一再重述這種憤慨，如他在1990年5月19日為我出版的《自由經濟的坎坷路》一書和1995年6月下旬為我的另一本《自由經濟大師神髓錄》寫的序，都以沉重和嚴厲語氣檢討這段往事，因為我這兩書都以「自由經濟觀念」的傳布，以及批評政府管制政策的角色為主軸，正好撥動邢院士久懸於心的弦，他乃藉機抒發久積的不滿。

經六院士」的三次建言或可稍補此缺口。

五、邢院士對臺灣經濟發展的感慨

1950 年代末期，臺灣經濟在尹仲容先生點燃的「第一次經濟自由化運動」落實之後，不但快速起飛，且享有「經濟奇蹟」美名，可是迄 1980 年代末期卻遭逢極大困境。其中的緣由看在親身經歷，見證這段歷史的邢院士眼裡，難免五味雜陳，在 1980 年代末期和 1990 年代初期的各篇文章中都一再地評論，《臺灣經濟策論》中第四部分的標題就是「臺灣經濟發展政策的反省」，涵括了四篇文章。第一篇〈一個長期參與臺灣經濟發展政策討論者的感想〉，邢院士說是綜合文，扼要陳述臺灣經濟何以在 1960 年代初期以後二十年間，雖仍持續發展但始終未能突破產業升級瓶頸，以致在 1980 年代經不起自由化、國際化之壓力而陷於極度困難，更遺憾的是，政府有關當局既無積極解救方法，又不接受他人建議，坐令臺灣經濟在央行快速累積美元外匯存底之巨富中與臺灣社會風氣同趨下游。在感慨之餘，邢院士乃更懷念尹仲容先生 1950 年代對經濟問題所展現之果斷作風，而對當時官員的憂時憤世心情表示諒解，但對他們對尹先生的誤解卻深覺不能不辯，於是寫下〈尹仲容先生與我的一段交往——早期自由經濟觀念的溝通〉。同時，又見自 1960 年代初即與臺灣在經濟發展政策方面並駕齊驅之南韓，當時備受國際重視，感慨之下乃撰寫〈南韓在經濟上較之臺灣強在那裡？〉，闡釋兩國經

濟轉型及產業升級因決策者之態度而有重大差別。最後一篇則是邢院士深感經濟現代化與政治現代化密不可分，藉著1971年諾貝爾經濟學獎得主顧志耐去世，撰寫〈政治與社會的創新對現代經濟成長的重要——顧志耐教授的研究留給我們的啟示〉，再對影響各階段臺灣經濟成長之有關因素進行有系統之深入分析，希望喚起國人重視政治與社會制度不斷創新的重要性。

這些篇章固然都是邢院士對臺灣經濟政策的論評，但最具代表性，或可說是邢院士在世時最後一篇對臺灣經濟深入檢討的文章，應是1993年9月15日發表在《遠見雜誌》的〈臺灣做錯了什麼？——回顧經濟發展〉。[5] 光由文章題目就可明白邢院士對臺灣經濟發展經驗有獨到看法，一開頭，邢院士就對汗牛充棟的國內外探討臺灣經濟發展經驗的研究和討論，認為過於強調「正面啟示」，卻對「反面教訓」少提，邢院士覺得這是誤導，因為「臺灣經濟發展經驗並不完全是那麼一回事」。那麼，邢院士心目中的真相何指呢？

首先，1949-53年間完成的土地改革，邢院士給予高度評價，不但農業生產力因而顯著提高，農產品和農產加工品出口增加，外匯供應改善，農對非農部門購買力提高，非農部門產品銷

5　1993年10月12日我與邢院士在中華經濟研究院604室邢院士的研究室談話，邢院士說明此文係針對李國鼎先生於中國大陸開會所發表的一篇文章而寫（李文曾載於《聯合報》）。本文較完整版交給李誠先生作為《臺灣經濟再定位》一書之一文，也在《聯合報》於大陸舉辦的兩岸會議中由李誠代為宣讀，而刊於雜誌中的文章已省掉一些涉及人身的篇幅。當日邢院士還談到臺灣經濟發展過程中三位重要人物，他們普遍被認為對臺灣經濟具關鍵性貢獻，但邢院士卻有近乎相反的看法。既然邢院士都將其重要日記一併帶走了，在此也姑隱其名。

路較寬暢，糧食供應充足有助物價上漲壓力之緩和與工資之穩定，而且佃農取得土地、地主成為四大公營企業轉民營後的大股東，經營效率提高很多。不過，臺灣地狹人稠，只靠發展農業及農產品加工業，絕不可能提供足夠就業機會，對日治時代殘存和經過重組的公營事業也不能寄予希望，1950年代採用進口代替政策，提供各種優惠，並高築關稅壁壘的各種非關稅方式限制外國品進口以保護內銷市場，這種保護政策又搭配複式匯率、低利率、外匯和金融管制，其複雜程度對臺灣經濟發展很快到達「不但無益，而且有害」地步，於是外匯和資金無法有效運用，貨品競爭力弱，不但不能出口，且在本地市場也嚴重滯銷，致1950年代後期生產設備閒置程度駭人聽聞。在此背景下，1956-61年進行大刀闊斧外匯貿易改革，複式匯率改為單一匯率，進口品採差別申請限制取消，單一匯率接近市場（黑市）匯率，就在進口申請簡單化和出口障礙清除下，本地產業才挾低工資優勢衝向國際市場，從此揭開臺灣經濟發展序幕，這也是有名的1960年代初期的出口導向政策。

在邢院士看來，1960年初期以後二十餘年臺灣經濟快速發展主因只有一個，就是第一階段經濟自由化的外貿改革（也就是尹仲容先生主導下的自由化運動，或出口導向政策）；助因有穩定的政治社會環境，穩健的預算控制，經由教育普及和改進而不斷提升的人力品質，以及純樸勤儉的社會風氣。邢院士特別強調，這一段話雖與一般關於臺灣經濟發展政策的討論互不衝突，但一般討論卻予人「第一階段經濟自由化之後，政府當局更進一

步推行經濟自由化政策」的印象，而邢院士卻認為完全不是那麼一回事，他深刻感受到自從第一階段經濟自由化之後，1950年代採行的其他反自由化措施在基本上並未改變，就備受推崇的外貿改革來說，後續任務並未完成：進出口結匯未取消，匯率仍由央行武斷訂定（直到1986年，之前的大多數年份都是1美元固定兌40元臺幣，此一直低估臺幣價值，因而對出口特別有利，是一種「隱形出口津貼」）。

在產業保護政策方面，迄1980年代政府屈服於不可抗拒的國際壓力前，也沒什麼改變，甚至變本加厲地逐行一波波的進口代替，如1950年代即已開始的設廠限制，不但繼續，還進一步授權若干製造業公會，對其產製品同類品進口另加簽核。而另一個更重要的實例，是素以「特權聞名的公營企業，數十年來仍屹立不搖」。[6] 邢院士還以數據證明公營事業的生產效率遠低於民營事業，凸顯浪費情事，除了公營事業外，在高度保護政策下受特惠的民營企業也呈現類似情況，裕隆汽車是眾人皆知的例子。[7] 在批評之餘，邢院士也不否認第一次經濟自由化後，政府曾引進一些有助於鼓勵投資及擴張出口的措施，但邢院士更堅信，若在第一次自由化完成後，政府當局能持續外貿改革未竟之

---

6 雖然臺灣早在1953年就有公營事業民營化先例，但此後即出現三十年的空窗期，到1989年才又正式揭示公營事業民營化政策，可是執行得並不順遂。而公營事業特權的弊端影響深遠，2000年中央政權移轉，核四廠續建與否大風暴，根源就是台電長期的「人為獨臺」。重讀邢院士的評論，著實令人無限感慨！

7 邢院士在文章中並未指其名，但明眼人一看便知，不過，當1990年代開放政策實施後，裕隆在壓力下卻有脫胎換骨的表現，此亦可證明保護政策的神話可以休矣。

業，如逐步取消進出口結匯及任由市場決定匯率，同時按一定時間表取消一切反自由化措施（分批改善公營企業的經營體制、全面革新稅制、機動降低關稅率、促進金融現代化等等），則這些措施都無關宏旨，而且全面自由開放的強大活力必能在不太長的期間使剩餘勞力充分吸收，不待政府的指示，善於適應的本地產業也會由勞動密集型蛻變為資本技術密集型結構。

不幸的是，政府當局非但沒有持續第一階段經濟自由化政策，且仍著眼於進口代替，甚至特權維護，與全面自由化背道而馳，結果是：受特別庇護的公民營內銷產業不長進，原本朝氣蓬勃的出口產業，也因進可外銷謀取出口融資優惠和臺幣長期低估利益，退可內銷享受關稅及非關稅限制進口的保護，並可採取「以內銷補貼外銷」的國內外市場搭配策略以兼收輕而易得之利，自然不易養成在國際市場上公平競爭的意識，因而不能隨時體察國際市場動態以進行必要的技術革新和產業升級。

邢院士特別提醒注意：儘管 1960 年代初完成的第一階段經濟自由化摻雜了反自由化政策，但因其究竟消除了偏高的複式匯率和繁雜的按照類別審核貨品進口所產生的困擾，將進口代替導向推到新方位的出口擴張導向，而後來繼續推行的反自由化政策，只不過是 50 年代進口代替政策的延展。因此，1960 年代初期以後的經濟發展政策，與 50 年代政策的主要差異，只有出口擴張導向而已，也就是這個政策對臺灣經濟發展的正面影響遠大於持續進行的進口代替政策之負面影響，才使自 1960 年代初期之後的臺灣經濟歷二十餘年而不衰。

不過，時日一久，反自由化政策的影響逐漸超過60年代初期自由化政策的影響，而1970年代後期起，尤其是80年代前期，貿易出超劇增，外匯存底不尋常急速升高，地價狂飆形成缺乏實質的繁榮，而經濟病根迅速蔓延、擴散（國內產業投資持續衰退），邢院士稱此病症為疑難雜症。表面上，1980年代出現的臺灣經濟病象，似乎是由於美國強制實施的「自由化、國際化」壓力。但邢院士卻不作如是想，因在出超和外匯存底不斷高升，而央行仍維持固定匯率和結匯制下，央行勢必不斷釋出「強力」貨幣，貨幣供給勢必不斷增加，如洪流般的資金泛濫勢必出現，一場摧毀性的通貨膨脹必不可免，結果是二、三十年來經濟發展成果必將在二、三年內隨風而逝，而且以後可能再沒有重振機會。這樣的悲慘局面並未來到，但1980年代中期到1990年那場泡沫金錢遊戲及其破滅景況想必國人仍點滴在心頭，不過其情勢似乎還在可容忍範圍內。

　　這種不幸中的大幸，邢院士認為該感謝美國在1980年代初期對臺灣所實施的開放壓力，但它來得太遲且壓力過猛，太遲使上述的泡沫遊戲還是發生了，過猛則使技術原本落後的出口產業幾沒有緩衝調適的時空，因而多數被迫也加入金錢遊戲行列，結果是：不但艱難創業的業主多數不務正業，一向純樸勤儉的企業幹員乃至基層員工也紛紛離開原來的工作崗位，這些人或直接參加金錢遊戲，或從事於由金錢遊戲刺激成長而易獲暴利的相關服務行業。於是乎，辛苦撐持的企業反受人力短缺、工資高漲和取得工業用地倍加困難之累，更不堪的是，自此之後，社會風氣不

變，社會治安日益敗壞，甚至於影響正在起步的民主政治之發展。[8]

　　邢院士舉出在「自由化、國際化」的重大壓力下，進口關稅連續降低和非關稅障礙不斷撤除，且自1986年起臺幣大幅升值，臺灣GNP年增率至1988年降為7%上下，1990年只為5%。這種幾年連續且穩定的中低度成長，有人解讀成開發中國家過渡到先進國的自然現象，若是如此，應隱含著工業發展在技術上已近於成熟，同時第三類產業不但對工業能提供精緻的服務，且對消費者也能提供高品質、多功能的便利。可是1980年代臺灣經濟逆轉時所呈現的情況卻是，一個衰敗的無力承受外來競爭的工業，且多數業主又被游資泛濫沖昏了頭，盲目參加不務正業的股票、房地產投機金錢遊戲，同時金融、商業及消費服務等也多以這個大賭場為中心而蓬勃發展。

　　目睹及想像此一正在發酵的驚悚局面，1980年代中期那時的邢院士還認定那是一時反常現象，還是相信原來艱難創業的企業主仍可能重新步入正途，並認為1980年代臺灣經濟的逆轉還有挽救的希望，於是自1987年4月起連續發表「中央發展外匯基金」系列專論。可惜的是，這項建議未受政府採納，而政府本身又束手無策，於是上文描述過的那場金錢遊戲乃終於發生了。[9]

---

8 對於長遠性的人心沉淪及社會風氣形成的「非經濟性」環境因素，是當代經濟學及經濟學家幾乎不提的課題，不論是有意或無意，都是促成短視人類的助因，或許這與凱因斯理論重視短期有密切相關，更與總體經濟學的崛起脫不了干係，這是具有古典味的人士掛在心頭的憂慮，對當前經濟學界及年輕學子或應有提示作用。

9 雖然檢討不免令人感慨，甚而搥胸頓足，憤怨難平，但其也正鮮明凸顯出人的固執及既得觀念的力

邢院士引了蘇東坡〈廬山〉這首詩：「橫看成嶺側成峰，遠近高低各不同；不識廬山真面目，只緣身在此山中」來形容大家對臺灣經濟發展經驗的觀察，特別是活在臺灣的觀察家反而對臺灣經濟的真面目了解得不夠清楚。從近處或低處看，臺灣經濟發展經驗雄偉可觀；但從遠處或高處看，臺灣經濟成長值得欣賞的景觀中，卻預伏了 1980 年代逆轉的遠因，短短數年間臺灣竟累積了如此龐大的外匯存底正是經濟病徵的明證，而這些外匯竟只掀起象徵「發高燒」的金錢遊戲，沒被靈活運用，以挽救逆勢，顯示出政府當局的「短」視與「低」視。在如此感嘆之餘，邢院士對「實用主義」這個被政府決策重視的主義作發人深省的評斷，而實用主義的具體表現可用「在推動方向建立共識下，對無法發揮作用的政策，即予以放棄，對大部分產生效果的政策則繼續維持下去」這段話來概括，但邢院士質疑說：某些政策之被決定「放棄」是因為「無法發揮作用」，而某些政策之所以「繼續維持」是因為「大部分產生效果」究竟是什麼意思。畢竟事實是：1960 年代繼續實行的 1950 年代所有反自由化政策，無論從何種角度看都「發揮了作用」或「大部分都產生了效果」，但所產生的都是「反的」作用或效果，尤其這些政策後來竟拖累了1960 年代第一階段自由化政策，使之成為這些反自由化政策的「幫凶」，也終於導致 1980 年代臺灣經濟的逆轉和社會風氣的敗壞。

量，而「非得親自走一遭」的習性也在此事件中展露無遺呢！

令邢院士沮喪的是，不少國際知名的經濟學家十分欣賞臺灣經濟發展經驗，尤其讚美「實用主義」，[10] 於是邢院士希望他們能謙虛點，在沒充分掌握臺灣經濟問題前，不要把架勢擺太高，以免自己的學者形象受到損害。同時，邢院士衷心希望：「由過去三十年來的實際經驗，現在和以往的政府當局都學得謙虛一點，承認經過所謂『實驗』證明在 1960-70 年代『大部分產生效果』的經濟發展政策，正是在 1980 年代使臺灣經濟由高度發展驟趨衰退的政策；而他們主觀排斥未經『實驗』的外匯貿易進一步自由化，撤除關稅保護及整頓公營企業等全面經濟自由化政策，可能正是臺灣經濟穩定發展所需要的政策。」這種期望成真了嗎？

六、風簷展書讀，古道照顏色

　　重溫邢院士的文章和話語，其高大、偉岸、瘦削且嚴峻的身影栩栩如生浮現腦際，其對「自由經濟觀念」的堅持，苦口婆心推銷自由經濟政策的苦行僧精神更叫人動容，而「風簷展書讀，古道照顏色」的詩句也不由得浮上我的心頭。

　　邢院士的行文看似嚴峻，其實心軟、厚道，更不願傷人，對於批判對象從不指名，雖有記日記習慣，也應將諸多內幕實情記在其中。為了讓寶貴的臺灣經濟發展實情歷史場景重現，有識之

---

10 所以，也不見得「當局者迷，旁觀者清」，而遠來的和尚也不一定比較會唸經呢！

士曾說服邢院士作「口述歷史」，奈何因故胎死腹中，退而求其次希望在邢院士離開塵世後參酌其日記來撰寫，沒想到邢院士為了不增添在世者的麻煩，竟然帶著日記一起上天，同時也使歷史成灰燼。

幸運的是，邢院士精心整理出版了兩本重要文集，由這些篇章我們得以了解邢院士自由經濟觀念的浸淫灌輸過程，更明瞭其不忮不求的書生本色，而其對臺灣經濟發展的關切，恨鐵不成鋼的情懷著實令人懷念不已。對照邢院士的言行，今日臺灣的景況改善了嗎？由逆轉反正了嗎？向上提升抑往下沉淪了呢？

在1980年代之後，共產國家、尤其是中共經改放權讓利，表面上自由經濟被採行，其實是在政府強力主導下被扭曲讓裙帶資本主義、黨國資本主義被誤認為自由經濟，而所謂的「新自由主義」也被等同於自由經濟，邢院士天上有知必定慨嘆不已。這也不免讓我們更懷念邢院士，也希望世人能好好細看咀嚼邢院士留下的寶貴篇章！

參考文獻

克魯曼，1999，《全球經濟預言》。臺北：先覺出版社。

吳惠林，1999，〈蔣碩傑先生經濟理念的現實印證與啟示——觀念力量的註釋〉，《蔣碩傑經濟理念的現實印證與思想源頭》，第一篇，頁1-55。臺北：中華經濟研究院。

吳惠林，2000，〈「競爭」非鬥爭，亦非物競天擇〉，《飛越黑板經濟學》，頁41-43。臺北：翰蘆圖書公司。

邢慕寰，1986，《通俗經濟講話——觀念與政策》。臺北：三民書局。

邢慕寰，1990，〈坎坷難行的經濟自由路〉，《自由經濟的坎坷路》邢序。臺北：卓越出版社。

邢慕寰，1994，《臺灣經濟策論》。臺北：三民書局。

邢慕寰，1995，〈開創傳播各領風騷〉，《自由經濟大師神髓錄》邢序。臺北：遠流出版公司。

邢慕寰，1999，〈臺灣做錯了什麼？——回顧經濟發展〉，《遠見雜誌》，頁75-89。

邢慕寰，2003，〈經濟學的天空簡介〉，《經濟學的天空》邢序。臺北：翰蘆圖書公司。

夏道平，1989，〈一本新書的讀後感〉，《自由經濟的思路》。臺北：遠流出版公司。

夏道平，2003，〈經濟學家的思路〉，《經濟學的天空》夏序。臺北：翰蘆圖書公司。

海耶克，1993，〈競爭的意義〉，《個人主義與經濟秩序》第五篇，頁121-135。臺北：遠流出版公司。

索威爾，1994，〈一條由善意鋪就的地獄之路〉，《卓越雜誌》，頁92-100。

張五常，1989，《中國的前途》。臺北：遠流出版公司。

經濟觀念傳布者施建生

吳惠林
財團法人中華經濟研究院特約研究員

一、前言：人的行為受觀念的指使

　　無論東西方，都有對「觀念」的重要性的陳述。在東方，「人者心之器」就明確指出人受心之器使，而心者思想觀念是也，這思想觀念是人在後天學習養成的。在西方，有二十世紀最偉大經濟學家之稱的凱因斯（J. M. Keynes, 1883-1946）說的最傳神。他在經典之作《就業、利息與貨幣的一般理論》（*The General Theory of Employment, Interest and Money*，簡稱《一般理論》或《通論》）最後一章的結尾這樣寫道：

> ⋯⋯經濟學家和政治哲學家的思想，不論當它是對的時候，
> 還是錯的時候，其所具有的力量都要比一般所了解的大得
> 多。的確，這個世界實很少受其他事物之支配的。從事實際
> 工作的人以為自己可以不受任何學術思想的影響，但實際上
> 卻常是已故的經濟學家的奴隸。掌握大權的狂人們，只聽從
> 空中傳來的聲音，但卻常引用學術界一些三流角色不久前所
> 發表的言詞來支持自己的狂亂。我可以肯定地說，如與觀念

的逐漸入侵的力量對比起來，既得權益者的力量就要小多了。當然，這些觀念是不會立即發揮力量的，總要經過一段時間之後才會發揮。因為在經濟學與政治哲學的領域中，過了二十五歲或三十歲而仍會受新理論之影響的人並不很多，這樣一般公務人員、政治人物，乃至煽動家們，對於當前問題所應用的理論就都不會是最新的。但是，不管對於將來的影響是好是壞，具有危險性的終究是思想，不是既得權益。[1]

不過，觀念的浸淫、灌輸固不容易，而一旦生根，要想拔除恐怕更困難。正如艾馬‧戴維斯所言：「拔除一個信念要比拔除一顆牙齒還要疼痛，況且我們沒有知識的麻醉藥。」[2] 所以，正確觀念的傳布非常重要，問題是：如何區別正確和錯誤的觀念？以共產主義來說，其理念非常迷人，付諸實行的結果，荼毒人類近百年。[3] 至於資本主義和自由經濟、市場經濟，儘管在自由世界備受重視，但也時常看到負面的批評。由此可見，這些名詞的真正內涵及本質仍待深入探究，而這也就是引介和詮釋者必須擔當的任務了。問題是，要看懂原創者的本意已不簡單，要再加以

---

1 此段譯文引自施建生《經濟學原理》十版，頁544。已故的邢慕寰院士也在〈技術官僚主義與晚近經濟迷思的危險〉一文中譯過此段文字，由此英雄所見略同可知這段文字多麼得到認同。

2 此話引自張五常《中國的前途》，頁171。

3 蔣碩傑院士在1983年為《中央日報》紀念發行兩萬號而出版的《諾貝爾經濟學獎》一書所寫的序文中，舉出兩個實施錯誤經濟政策致生靈塗炭的實例：一為共黨中國實施馬列史毛經濟政策，致三十餘年的經濟一無所成，人民一窮二白；二為拉丁美洲自由世界諸國，儘管地廣人稀、物產豐富，因採取錯誤經濟政策，致人民窮困、成長停滯，唯有物價騰漲不已。

正確詮釋更非易事，所以觀念的傳布很重要但也很困難。[4]

以觀念傳布作為一生職志者更是鳳毛麟角，而施建生教授卻是這樣的稀有人物。他為何走上這條路？他是如何做傳布觀念的？我們先由施教授的生平、學思歷程談起。

二、施建生教授的生平和學思歷程

1917年施建生出生在中國浙江省縉雲縣，就讀該縣小學二三年，其餘學業到高中為止，大致上都是在杭州唸的。比起那些優秀的學子，施建生自認是不太會唸書的，因此，考高中及大學的過程並非一帆風順。初中畢業後，參加杭州好幾所公私立高中的入學考試，都未錄取。到了9月快開學了，才考上位於吳興的東吳大學第三附屬中學（第一附中在蘇州、第二附中在上海）。

中學生涯

吳興別稱湖州，離杭州有一段路程，當時京杭國道剛開通，施建生搭公車赴考，晚上住在當地的旅館，旅館常有妓女來做生意。這是他生平第一次去吳興，也是第一次住旅館，更是第一次知道有娼妓這回事。

---

4 在臺灣社會，經濟觀念通俗化的傳布工作通常不受重視，既將之排除在學術之外，也沒給好報酬，這和對翻譯的輕視如出一轍。

放榜時，校方在牆上張貼一張小小的告示，榜上有施建生的名字，但註明是試讀生，榜上沒有通常所謂的「正取」與「備取」。大家都不明白什麼是試讀生，也不敢問，他的膽子比較大，就跑去問學校人員：「我們是試讀生，可不可以來讀？」他們回答：「歡迎來讀。」終於有學校唸了。

　　施建生讀了一年就想轉學，希望插班考上比較好的學校，如當時杭州最好的高中——浙江省立杭州高級中學。結果又沒考取。差不多又到9月了，看到廣告，得知杭州還有一所私立學校蕙蘭中學（Hangchow Wayland Academy）正在進行第二次招生，第一次招生時沒被錄取。他再次報考，報名時要繳交轉學證明書，背面都會由招生委員會蓋驗訖章。施建生的證明書背面蓋滿了圖章，算不清考了多少間學校。負責受理報名的工讀生，收到證明書後一瞧，即知他之前考過，就大聲對著那一大群排隊報名的人嚷嚷：「施建生，第一次考過啊！」大家聽了都大吃一驚，但無人作聲。施建生就回答：「怎麼樣？考過一次就不能考第二次嗎？老實說，學校第二次招生，我第二次來考，因為有你們這種學校，才有我這種考生，非常相配。」

　　考完收榜，大家都翹首引領著急張望。由於是按照初一、初二、高一、高二的順序張貼公告，所以最後才看到「施建生」列名高二的榜上，而且是第一名。

　　蕙蘭中學是教會學校，英文課由外籍老師教，老師 Miss Edgar 是一位老小姐，上課都說英文。教室座位是按身高排的，那時的施建生個子比較小，是4號，坐在第一排，施建生當時的

綽號叫「麵包」，因為臉圓圓的。

施建生回憶說，有一次發英文考卷，是按座號發還，大家都拿到卷子了，就只有他沒有，心想這下糟糕了。後來Miss Edgar出示施建生的試卷，並說："This is the best paper I have ever seen."這句話深深印在施建生的心中。班上同學都以懷疑的眼神注視施建生，不相信「麵包」的成績會那麼好，懷疑一定是作弊。不過，施建生確實沒有作弊，因為老師是臨時出題，根本沒有考古題，如何作弊？其實，連施建生自己也不相信成績會那麼好，所以並不怪別人懷疑他。

不過，施建生由那件事學到一個教訓：你做壞事別人永遠記得，好事卻永遠記不得。別人都記得他的功課不好，成績突然好起來，一定有問題。從該事件之後，施建生就風光了，對學業也比較認真了。

教會學校彼此之間都有連繫，因此每年各教會大學都會到各教會中學招生，如果學生有意願，畢業之前就會派人來舉行考試。施建生的高中班上同學都想先報考東吳大學（Soochow University），為後來萬一考不上國立大學時預留後路，只有他想考滬江大學（University of Shanghai）。東吳大學在蘇州，滬江大學則位於上海的楊樹浦。

施建生為什麼要選擇去上海讀書呢？原因是高三畢業旅行時，到上海、南京、蘇州等地遊歷。他發現：杭州是浙江省會，規模說小不小，說大又遠不如上海；雖然「上有天堂，下有蘇杭」，蘇州名列杭州之前，卻是個小城市，所以又比不上杭州，

更無法與上海相提並論。施建生對滬江大學印象非常好，學校濱臨黃浦江，校舍典雅，尤其女生很多又很漂亮，足登高跟鞋，十分摩登，所以心嚮往之。

大學軼事

不過，最後施建生卻附和眾議，和同學一起報考東吳大學法學院（Law School），結果大家都考取了。然而，他們還是以就讀國立大學為優先，只是先考上私立大學當作備胎。所以後來又去考國立大學。如北京大學、中央大學等名校，那時沒有聯合招生制度，而是各校單獨招生。不過，著名大學在全國各大城市多設有考場，施建生是在上海考北大的，他一校接著一校應考，卻全軍覆沒。

施建生跟東吳實在有緣，高中、大學都讀這所學校。東吳大學本部在蘇州，法學院則在上海。大一都在蘇州上課，之後才去上海。在東吳大學讀了半年之後，施建生決定重考，隻身一人遠赴北平，那時北京已改稱北平。

他在北平舉目無親，只認識張公量這位同鄉。施建生是在胡適主編的知名刊物《獨立評論》上看到張公量的文章，就大膽去信詢問，能否去北平找他？張公量回信表示歡迎，並到火車站接施建生。於是施建生就到北平準備考大學，住在公寓，同時也在北京大學旁聽胡適和傅斯年等教授的課。那時北平在大學附近的公寓都是由準備考試的學生或重考生所分租的宿舍，考上了就去

住另外的學生宿舍。這些公寓在清代都是考秀才落榜的老童生因為旅費昂貴而留下來住，準備明年再考的。

施建生報考了北京大學、南京的中央大學，居然都考取了！從此以後他再也不相信考試，因為他自問這一年來並沒有什麼進步，為何去年都名落孫山，今年卻通通榜上有名。

那個時候沒有大學聯考，都是各校分別招生的，好的大學在好幾個地區舉行考試，所以榜單刊登在報紙上公告周知。當時全國性的報紙很少，施建生的父親看了上海版《大公報》，知道兒子考上北京大學和中央大學，就寫信給施建生說，北方局勢不穩，不知何時會和日本開戰，所以叫施建生不要唸北京大學，去唸中央大學。因為父親是出錢的金主，施建生只好乖乖聽話到中央大學就讀。

1935年，施建生進入中央大學，最初是唸社會系，全系只有四個學生，教授人數超過學生。由於學生太少，唸了一年後，校方決定社會系與哲學系合併。施建生對哲學不感興趣，所以轉經濟系。

1937年，中日戰爭爆發。羅家倫校長（1932年8月～1941年6月）在南京對中大學生們訓話，語調悲淒。中大學生隨學校西遷，一路上但見哀鴻遍野，最後抵達重慶的沙坪壩。中央大學是最早西遷的學校之一，準備也最為周全，老早就計畫好遷到重慶。

中央大學遷到沙坪壩，那裡原本就有四川省立重慶大學，中大在旁邊興建臨時校舍，開始上課。瓊瑤的暢銷小說《幾度夕陽

紅》就是以當時當地作為背景。

1938年，經濟系的新生如邢慕寰院士等人紛紛於9月30日抵達沙坪壩，向中央大學報到，施建生和他們在不同校區上課。中大的新生都在嘉陵江上游的柏溪分校上課，邢院士的同班同學王作榮過了10月才報到，學校收了他，雖因逾期而不能註冊成為正式生，但可申請公費貸金（補助膳食費用），王作榮因此比邢院士晚一年畢業（1943年）。

中央大學後來更名為「國立南京大學」，是中共取得政權後，唯一改名的國立大學，施建生猜想可能是有「中央」二字的緣故。

1939年，施建生從中央大學經濟系畢業。做了幾年事之後，政府開放自費留學，施建生通過考試，申請到美國的哈佛大學讀研究所。1944年，施建生隻身從重慶出發，飄洋過海遠赴美國。[5]

留美點滴

1944年，施建生隻身從重慶遠赴美國就讀哈佛大學研究所，兩年時間拿到碩士學位。為了早日返鄉報效國家，他放棄攻讀博士，而以一年的時間走訪美國多所知名大學，包括芝加哥大學旁聽半年，並遊學西岸加州大學柏克萊分校和史丹佛大學。當

5 這幾段改寫自許瑞浩，〈我的學思生涯——施建生教授訪談紀錄〉，《國史研究通訊》第一期，2011年12月。

時主流經濟學已由凱因斯倡導的新理論取代，主張政府應以經濟政策干預；將之引入美國的就是哈佛大學，也被稱為「鹽水學派」。而另一學派鮮明反對政府干預，則以芝加哥大學為重鎮，人稱「淡水學派」。[6] 施建生因緣際會，既在哈佛大學薰陶兩年，又到芝加哥大學修習半年，同時接觸兩大流派的思想和主要代表人物，對後來傳布經濟思想助益甚大。

先說哈佛因緣，施建生1944年中抵達哈佛時，正趕上該校為配合戰時需要，採行「三學期制」的夏季開學，主選課程之一是韓森（Alvin H. Hansen, 1889-1995）教授開的「經濟分析與財政政策」。韓森素有「美國凱因斯」（American Keynes）之稱，講授的當然是「凱因斯理論」。施建生這樣描述上課的情況：

> 在一向清新寧靜的哈佛校園內，每週總有一次看到韓森先生提著一只陳舊的皮包，慢慢的走進了一座長滿著長春藤的古老教室大廈──Emerson Hall，然後步入一間充滿著各種膚色的男女學生教室，開始他娓娓的講解。同時，由於他不斷鼓勵同學發問，學生也都能有所反應，所以，課堂的氣氛是從不冷寂的。每當學期終了上最後一堂課時，全班學生都熱烈的鼓掌，這時，他默默地帶著笑容，停留片刻，然後慢慢

6　1988年7月23日《紐約時報》一篇專論，出現「淡水經濟學派」（Fresh-Water Economists）和「鹽水」（Salt-Water）字眼，前者大本營在芝加哥大學，後者在麻省理工學院、哈佛，前者在密西根湖畔，湖水是淡的，後者靠海，海水是鹹的，故有此稱，可參見吳惠林，〈淡水、鹽水，以及折衷的經濟學派〉，《經濟學的天空》，頁98-101。

步出課堂。這一幕情景實在感人，因為其中充滿著無限的愛慕、敬仰與感激。[7]

　　既然講課這麼精彩，學生想必獲益良多。施建生在研讀韓森的著作 *Fiscal Policy and Business Cycles* 一書時，發現有一章的附錄是薩繆爾遜（P. A. Samuelson, 1915-2009）撰寫的，標題為"A Statistical Analysis of the Consumption Function"，這是施建生第一次看到薩氏名字，讀後甚為欽佩；而施建生再度見到薩氏的著作已經是應聘專任臺大教授的1952年了。據施建生描述：

　　　　有一天聞有一位友人隨手帶回一本薩繆爾遜寫的《經濟學：
　　　　初步的分析》（*Economics: An Introductory Analysis*）一書，我
　　　　向他借來一閱，這是我第二次看到他的名字與作品。這次我
　　　　對薩繆爾遜的反應就不僅是欽佩而已，而且還有感激之情。
　　　　因為他這本書告訴我，當年我在哈佛時親眼看到的那場轟轟
　　　　烈烈的凱因斯革命（Keynesian Revolution）是成功了。現代
　　　　經濟學是完全更新了。這就使我能改進我的教法，結果甚獲
　　　　學生之讚賞。我在臺大的聲譽顯然是提高了。
　　　　後來張其昀先生主持的中華文化事業委員會，有國民基本知
　　　　識叢書的出版，其中有一冊《經濟學講話》就邀我執筆。我
　　　　就以薩氏的那本《經濟學》為基礎，寫了一本規定以十二萬

7　引自施建生，〈自序〉，《偉大經濟學家凱因斯》，頁2。

字為限的小冊子，這可以說是自凱因斯革命以後第一本中文的經濟學著作。其中有些新的術語，如macroeconomics與microeconomics在英文中都是嶄新的，又如何譯為中文呢？這曾經消耗了我許多心血，終於意譯為「總體經濟學」與「個體經濟學」。近來，大陸方面自改革開放以後就將之譯為「宏觀經濟學」與「微觀經濟學」。我覺得這樣譯法也不錯。如果早在1950年代就有了，就可節省我許多心血。到了1955年我感到以十二萬字寫的《經濟學講話》是太簡略了，於是就將之擴大而稱為《經濟學原理》。自薩繆爾遜的《經濟學》出版以來，由於世界各國的反應都很熱烈，現已有四十多種文字譯本，已成為世界的經濟學教科書。其他依照薩氏的寫作模式而仿製的亦屬不少，僅在美國就有十多種。我的《經濟學原理》也可以說是其中之一。

自此以後，我對薩氏的著述就非常留意。雖然他的作品常用許多數學來分析，而我自己的數學素養極為淺陋，但好在薩繆爾遜對於每一種重要的主題之論述都附以圖表加以解釋，因而也就能知其梗概。[8]

---

8 引自施建生，〈自序〉，《偉大經濟學家薩繆森》，頁9-10。很值得一提的是，施建生的《經濟學原理》雖仿製薩氏《經濟學》的模式，但1960年秋施建生對臺大經濟系一年級新生這樣說：「這門課的教科書是我所著的《經濟學原理》，但是另外重要的是你們實習課的用書是薩繆爾遜所著《經濟學》英文書。薩繆爾遜這本書自1948年出版後就成為第一本名揚全球的教科書，這本書內容的安排也是第一本扭轉過去傳統經濟學書前後內容順序的教科書；薩繆爾遜將總體經濟學放在前面，將個體經濟學放在後面，這種安排的目的是想將當時最為民眾所關心的經濟波動之所以發生的根源先加以分析，以解其困。但我的書《經濟學原理》仍將個體經濟學放在前面，總體經濟學放在後面，因為我認為一般用來表達經濟波動的標誌是國民生產毛額（GNP）的波動，而所謂GNP就是整個經濟機體中各種物品之價格的總和，既然如此，如能先將各物的價格如何決定的道理加以說明，自易

2012年3月底，施建生綜合數十年來對薩繆爾遜的研習心得，寫成《偉大經濟學家薩繆森》一書，並於2013年1月出版。

　　我們知道，薩繆爾遜名聞全球，原因之一就是他在1948年首度出版的這一本經濟學教科書。該書一問世就洛陽紙貴，其全球銷售量之大，曾有一段相當長的時間，被認為僅次於《聖經》。該書之所以暢銷，可謂天時、地利、人和三者齊備。一來正當第二次世界大戰結束，新問題一籮筐，經濟學面臨挑戰，「馬歇爾計畫」所揭示的政府強力策略抬頭，學生們渴望一本能與時勢密切連結的入門書；二來薩繆爾遜在當時已建立顯赫的學術地位，可以全力撰寫教科書；三來薩繆爾遜精通數理，能充分運用簡單明瞭的「數理模式」撰寫，讓學習者易於研讀。就這樣，一本轟動全球的基本經濟學教本於焉誕生，它不但讓經濟學普及成為顯學，也奠定稍後經濟學列入諾貝爾獎頒授學門的基礎；而薩繆爾遜也在1970年獲頒第二屆諾貝爾經濟學獎。

　　除了這本教科書，薩繆爾遜在1947年還出版了著名的《經濟分析的基礎》（*Foundation of Economic Analysis*），讓數量分析工具逐漸導入經濟學，也據以將凱因斯理論傳達給世人。經過半個世紀的演化，數理化竟然反客為主成為經濟學主流；同時，「計量方法」也蓬勃開展，使得經濟學可以從事實證，透過「數量化」的結果「提出證據」大聲說話。尤其重要的是，該項工具

對於總體經濟之所以波動有所了解。因此，我的書還是先從個體經濟開始敘述。而薩繆爾遜的書自從1992年出第十四版開始，亦改採先討論『個體』，而後再涉及『總體』。」足見施建生識見的卓著（這是邱正雄教授的回憶）。

能評估政府公共政策之影響效果，得到數字答案。

事實上，施建生1955年出版的《經濟學原理》，在華人世界裡的暢銷程度也不遑多讓。而該書係依照薩繆爾遜教科書的寫作模式，藉由該書的普及，施建生在華人世界裡傳播凱因斯理論的貢獻，可說居功厥偉。

施建生在哈佛時不只研讀凱因斯學派理論，同時也偶然修習到奧國學派學者的授課，那是熊彼德（Joseph Alois Schumpeter, 1883-1950）開授的「經濟理論」。據施建生回憶，他原來選修李昂第夫（Wassily W. Leontief, 1906-1999，1973年諾貝爾經濟學獎得主）的「經濟理論」，而第二學期換由熊彼德接手。

熊彼德是奧國學派第二代領導者龐巴衛克（Eugen von Böhm-Bawerk, 1851-1914）的學生，往往被歸為奧國學派，他在1932年遷往美國擔任哈佛大學的經濟學教授，直到1950年去世為止。他不接受凱因斯理論，但某些主張也與奧國學派的傳統差異極大；例如他大力提倡經濟學數理化，就是奧國學派最不認同的發展。2000年時，「路透社」對經濟學者辦理「過去幾個世紀誰最具經濟影響力？」一項調查，熊彼德還被選為第五名，次於凱因斯、亞當・史密斯（Adam Smith, 1723-1790）、馬克思（Karl Max, 1818-1883）和弗利曼（Milton Friedman, 1912-2006，1976年諾貝爾經濟學獎得主），可見其影響之深遠。

熊彼德最知名的主張是「創新是資本主義發展的動力」，他所謂的「創新」（innovation）其實就是將各種生產要素加以「新的組合」（new combination），以當前流行的經濟學術語，

就是「不同的生產函數」。所以，「創新」指的是創造一種新的生產函數，使各個生產因素在不同組合下，能有更多的產出。依定義，生產函數可以表示為在任何一個時期內，一個社會在當時的知識水準下，每一生產單位所能使用的技術，因而「創新」往往與「技術進步」同義。

具體而言，「創新」包含五大概念：一是新物品的提出，或對一件原物在性質上作某種改進；二是新生產方法的提出；三是新市場的開發；四是新原料或半製成品來源的發現；五是新產業組織的形成。

1945年的春天，施建生還在哈佛聆聽海耶克（F. A. Hayek, 1899-1992，1974年諾貝爾經濟學獎得主之一，奧國學派第四代掌門人）的演講，第一次接觸海耶克本人。當時的哈佛是凱因斯主義者的大本營，是凱因斯革命在美國的司令部，海耶克的言論當然沒能引起眾多的共鳴；不過海耶克的「經濟景氣循環理論」，施建生在哈勃勒（Gottfried Haberler, 1900-1995）所開的同一科名課程中，倒有相當深入的了解。哈勃勒是海耶克在維也納的同學和至交好友。[9] 海耶克稍後在1950年由倫敦轉到芝加哥大學任教。施建生回憶說：

> 我有一位朋友曾於1950年代中期到芝加哥大學訪問，他回來後告訴我，他曾接觸到該校一些青年經濟學家以及去攻讀經

---

9 見施建生，〈自序〉，《偉大經濟學家海耶克》，頁1。

濟學的研究生，當他問他們關於海耶克教授的近況時，他們都對這位大師不很重視，有的甚至根本未聞其名。這樣看來，他在這一階段，正如他自己所說，是被許多人遺忘了。到了1963-1964這一學年，我承蒙美國傅爾伯萊特基金會（Fulbright Foundation）之邀，到美國二間學院擔任客座教授，每校一學期。在1964年春突然接到當時主持臺灣經濟發展大計的要角之一李國鼎先生來信。他說現有一歐洲經濟學會是海耶克主持的，米塞斯（Ludwig von Mises, 1881-1973）也參加，要於七、八月間在維也納附近的色墨林（Semmering）召開年會，而該會對於會員人選甚為嚴格，必須先以賓客身分參加一、二次集會才能考慮。李先生要我趁由美返臺之便，取道歐洲，前往參加，並謂該會已知有我這一賓客的蒞臨。在這種情形之下，我也就遵囑按時到達該地了。抵達以後，始知這並不是歐洲經濟學會，而是一個研究並宣揚古典自由主義的國際學術團體，稱為蒙柏崙學會（Mont Pelerin Society），是海耶克於1947年發起成立的。當時他也就被推為會長，一直擔任到1960年，而改任終身榮譽會長。之後會長則每二年改選一次，本屆為英國牛津大學教授羅克斯（John Lewkes）。參與人員包括文史哲與社會科學各部門的學者與專業人士，其中以經濟學家佔絕大多數，而經濟學家中則又以美國為最多數。同時，我也意外遇到同樣受李氏之囑前來參加的臺灣土地銀行董事長蕭錚先生，以及當時在美國羅契斯特大學（Rochester University）任教的蔣碩傑先

生。蕭先生還帶來李氏的口信，要我們順便徵詢海耶克與米塞斯兩位教授能否抽空到臺訪問。

不久以後自然也就遇到海耶克，這是我第二次見到他，與第一次已相隔十九年之久。記得上次我從講堂的一端看到他的頭髮似乎是全黑的，現則已灰白了。後來也見到了米塞斯。於是我在會議過程找到一個適當機會，分別向他們兩位表示臺灣方面希望他們能抽空前往訪問，不知有無可能。海耶克的答案是肯定的，只是時機可待日後再議。但米塞斯則認為自己已年老了，不宜長途飛行而婉謝。這樣我也就完成了此行的一部分任務。

後來經過協調，海氏偕其夫人乃於1965年10月來臺訪問三週，那時除了臺北外，我還曾陪他們兩位在西海岸各主要城鎮走了一趟，途中曾在東海大學與臺中中興大學各做了一次演講。當時期間由於彼此交談頗多，自增加了我對他的體認。後來他倆還自動再來訪二次，都作了一週到十天的停留，每次都有演講與學術界座談的舉辦。這樣的結果，不但海氏對臺灣的景況已有相當的了解，就是我們臺灣學術界與一般人士對於海氏的思想也已有粗略的認識。再以我自己來說，自1964年以後也就成為蒙柏崙學會的一員，每有集會，如時機許可，都前往參加，所以親聆海氏教益的機會頗多。同時，在另一方面，對於他的重要著述亦不時加以研讀，數

十年來稍有心得。[10]

從2007年7月《偉大經濟學家海耶克》一書的出版，可知施建生對海耶克及其理論思想都甚為熟稔。也就是說，施建生對海耶克和凱因斯兩家南轅北轍的學說理念，都有深入研究，但他從未表明較認同哪一邊，只是經由教課、為文、寫書，將兩方的精髓作真實的傳布，提供讀者自行吸收、抉擇。

在臺任教歷程

留學美國三年後，施建生回到上海。當時國共內戰已開打，繼而國民政府在1949年播遷臺灣。隔年施建生也渡海來臺，先向臺大申請教職，但無缺額，乃轉赴臺灣省立行政專科學校（1949年8月成立，即省立法商學院、國立中興大學、國立臺北大學的前身）。學校剛成立不久，連校舍都付之闕如，只好借用成功中學及臺北工專（當時為臺灣省立臺北工業專科學校，今為國立臺北科技大學）的教室。施建生擔任兼任教授，只教一門課，鐘點費不夠溫飽。接著，施建生又在淡江英語專科學校（1950年成立，即今私立淡江大學的前身），兼任一門英文課，當時淡江英專也沒有校舍，而向私立淡水中學借用。

此外，中國國民黨中央改造委員會祕書長張其昀先生有一天

---

10 見施建生，〈自序〉，《偉大經濟學家海耶克》，頁2-4。

突然派人來找施建生，施建生是無黨無派的，而張先生是國立中央大學的前身國立東南大學（由國立南京高等師範學校改制）史地系的學長、師長。尤有進者，在哈佛大學讀書時，他倆都住同一棟宿舍，而且是隔壁鄰居，兩人共用一間 Private restroom。施建生住room19，經過張先生的room18時，看見門上掛著Chi-yun Chang 的名牌，才知張其昀也在那。張先生在哈佛大學做研究時，已經具有國立浙江大學教授的身分，當時是應美國國務院之邀，擔任訪問學人。他倆經常碰面，都很用功讀書，也都喜歡看《紐約時報》。戰時美國管制物資，包括紙張在內，所以遲一點就買不到了。在週末，張先生有時會拜託施建生早起替他買一份報。當時 Sunday papers 要價1 quarter（25cents），Weekday papers只要價5cents。如此他倆慢慢建立起親切的關係。

有一天張其昀派人送 *Capitalism Socialism and Democracy*（熊彼德的名著）這本書給施建生，請施建生撰寫約一萬字的要義，發表在他所辦的刊物《新思潮》上。稿費每千字五十元，非常優渥。一萬字的稿酬五百元，大約等於當時一般大學專任教授一個月的薪水。施建生在學校兼一門課，鐘點費大約二十元。

此前，有位朋友也將施建生引介給臺灣肥料公司，當時的國營事業，規模最大的是台糖，其次是台電、中油。台肥想翻譯一套管理叢書，請施建生幫忙翻譯 *Essentials of Manufacturing*，施建生完成了，總共十幾萬字。稿費每千字四十元，報酬亦屬優渥。當時正值韓戰期間聯軍收復平康（朝鮮半島中部的江原進北方），施建生就取「康平」為筆名，希望未來能夠康健、和平。

從此以後，翻譯稿約接續不斷。

　　不久，施建生獲聘為行政專科的專任教授，稍後還兼財政主任（1951年）。教職穩定，生活無虞。隔年（1952年），臺灣大學聘施建生為經濟系專任教授，專任要負責兩門課，施建生教經濟學和經濟政策。經濟學是一年級的課，施建生教的是外系，由法律系和農業經濟系合班上課。那時一年級的課都在校總區上，教室在今天的農業陳列館（洞洞館）。

　　後來施建生還擔任過教育部高教司司長及臺大法學院院長（1959年8月～1967年7月），退休後即接任名譽教授（Professor Emeritus）。名譽教授和榮譽教授（Honorary Professor）不同，名譽教授必須在該校任教多年而且成績卓著，校方才於其退休時授予，而榮譽教授則不必。在國內，名譽教授的授予制度由臺大首創，各校跟進，但名稱尚不一致。

　　擔任高教司司長時，施建生照常在臺大上課，領薪水，並沒拿教育部的錢，但教育部配了一輛三輪車。

　　在臺大任教期間，施建生重返美國教書和做研究前前後後大約有七年之久，當過密西根州立大學（Michigan State University）等校的客座教授（visiting professor）。1979年，施建生又以客座教授的身分，到美國教書。那一年，中美斷交。

　　就在威斯康辛大學勒考斯分校（University of Wisconsin, Lacrosse）執教兩年之後，由於校方堅留，施建生遵守校外兼職不得超過兩年的規定，乃在1979年自臺大提前退休。1984年自美返臺，應文化大學創辦人張其昀先生之邀赴該校擔任教授，並兼

任過經濟系主任、經研所所長及法學院院長，1992年七十五歲退休。隔年應聘為中華經濟研究院研究顧問，從此在專屬研究室中，悠遊書海，自在為文、著書立說，至2013年3月才停筆。特別值得一提的是，施建生雖熟悉各家學說，深諳經濟政策，但他只忠實地傳布，對政府政策從不批判評論。

三、施建生教授的經濟觀念傳布

施建生教授致力教學、研究、傳布經濟觀念，六十多年如一日，傳布方式可分為教書和為文寫書兩種。

大學教書生涯四十多年

施建生主要教授「經濟學」和「經濟政策」兩門必修課，誠如孫震教授所言，「前一門課程為經濟系的學生打基礎，後一門課程為經濟系把關，經濟系的同學在第一年打下堅實的基礎，四年苦學，通過經濟政策最後一關，才能畢業。」[11] 一語道出施建生擔負經濟觀念的啟蒙、灌輸及鑑定的重責大任。

試想四十多年中，施建生教過的學生有多少，而這些學生又不乏擔任教職，一代接一代，將施建生傳授的觀念再加以傳布，乘數效果之高恐難計量。此外，施建生1955年出版的《經濟學

---

11 孫震，〈七十而從心所欲不踰矩〉，收錄於施建生《現代經濟思潮》附錄一，頁521-523。

原理》，到2001年已經十二版，研讀者並不限於修課學生，在華人世界炙手可熱，有如薩繆爾遜的《經濟學》暢銷全球一般。尤其在1960-80年代，中文經濟學教科書不多；回想起1968年我讀大一時，施建生《經濟學原理》之熱銷情景，還記憶猶新呢！[12]

經濟學之所以摘下社會科學之后冠，1930年代以後凱因斯理論所向披靡應是關鍵因素，而數理工具的應用和教科書傳布又助上一臂之力，例如薩繆爾遜的《經濟學》就扮演舉足輕重的角色。同樣的，在臺灣，臺大經濟學系被稱為經濟學界的「少林寺」（意指執「顯學」的經濟學界之牛耳），施建生出版《經濟學原理》和《經濟政策》兩本教科書，將凱因斯理論引進臺灣即扮演重要角色。而中央大學經濟系畢業的邢慕寰院士、王作榮教授和華嚴教授也都有很大的貢獻。邢院士和王教授對臺灣經濟發展和政策起著引領的作用，華教授對經濟學人才的培育和引進則貢獻良多。

經濟思潮傳布

除了教課和教科書寫作外，施建生也勤於為文介紹經濟學的演進。他在《現代經濟思潮》第一章的開頭這樣寫著：

---

12 有這麼一說，施建生女公子留美費用就來自該書版稅的支持。

經濟學發展到今天已有政治經濟學（political economy）與科學的或分析的經濟學（scientific or analytic economics）的區分。我們知道，經濟學家是隨時代而邁進的。由於時代的不同，他們對於各種經濟實際問題的見解自亦不同。這些見解的總和以及從這些見解中所襯托出的一套社會價值的體系就是一般所謂的政治經濟學。至於所謂科學的或分析的經濟學，則指經濟學家為了要解釋經濟生活中的現象所收集的資料與所應用的方法。二者的差別可舉醫學院所授的課程為比喻來說明。在醫學院中有外科內科等等的教授，他們是教學生如何診治病症的實際技術。但其中還有化學、生理學、生物學等等的教授，他們則給學生指點出治病技術的科學基礎，並非治病技術之本身。前者就是政治經濟學所要傳授的，而後者則為科學經濟學或分析經濟學所要講解的。

一般經濟思想史所討論的通常都以前者為主，其中有時也涉及解釋事象所用的方法，但這是附帶提到的。專門以討論後者為主的是經濟分析史的任務，其中有時也會涉及經濟學人對於一些問題的政策性的主張，但這也是附帶提到的。前一類的書非常之多，後一類的則不常見，其中最著名的無疑是熊彼德教授（Joseph A. Schumpeter, 1883-1950）。他是將自希臘羅馬以來一直到1950年代一般人對於經濟事象作如何解釋，以及曾創立了那些工具從事這種解釋，作全盤的探討。全書篇幅浩瀚，以小號字體印行亦有一千二百六十頁之多。現在我寫的這本《現代經濟思潮》自然屬於經濟思想史的書

籍，只是我將重點放在「現代」。這裡所謂「現代」是指
二十世紀這段歲月。具體地說，是指馬夏爾（Alfred Mar-
shall, 1842-1924）以後的這段時間。不待言，這是經濟學發
展最為迅速，研究成果最為豐碩的時期。為了使我們對於這
種情況有比較透澈的瞭解，我想先須將全部思潮演變的輪廓
加以描述。然後再按近百年來之發展的階段，從中選出十二
位代表人物作為典範，分別加以討論，期能由而對其內涵有
比較深切的瞭解。最後，擬對經濟學未來改進的方向提出一
些建議。

由引文敘述可知，這本《現代經濟思潮》描述漫長的經濟思
想史，必須參酌浩瀚史料，融會貫通，既費功夫，又要精通外文
及文字駕馭，當然很不簡單。事實上，施建生這本大作是在五十
年間分兩階段完成的。第一階段先在1955年寫成《當代經濟思
潮》，介紹了二十世紀以來經濟思想的演變，並以四位經濟學家
為主軸；經過四十一年之後（1996年），再加入八位偉大人物
重寫該書，並將「當代」換為「現代」，將時間延長至近二十世
紀末尾，寫作的艱鉅不難想見。「到2000年再增加二位，以增
訂版刊出。」

在這本書中，施建生對十四位經濟大師的描述已很精采，但
幾十年的教學相長，與不斷閱讀，施建生覺得應更詳細介紹這些
典範經濟學家，乃再將熊彼德、凱因斯、海耶克、弗利曼、李嘉
圖（David Ricado, 1772-1823）、亞當・史密斯、薩繆爾遜，以

及約翰‧彌爾（John Stuart Mill, 1806-1873）等八位，分別寫成專書，依序在2005年、2006年、2007年、2008年、2009年、2010年，以及2013年（後兩本同一年）出版。

這八本傳記的體例都一致，先是生平介紹，再分章詳述其學術貢獻。八人之中施建生曾修過熊彼德的課；他寫作《經濟學原理》則參酌了薩繆爾遜的《經濟學》；海耶克和弗利曼兩位也都有親身接觸。尤其是海耶克，施建生親自邀請訪臺，並陪同走訪西海岸各主要城鎮，交談甚多；而且施建生自1964年之後就是海耶克創立的蒙柏崙學會的一員，更有機會與海耶克互動。

我們知道，海耶克和弗利曼屬於反對政府干預的自由經濟「淡水學派」，凱因斯和薩繆爾遜則是主張政府實施經濟政策的「鹽水學派」，兩派的某些主張南轅北轍、水火不容。施建生在哈佛大學留學時，一方面接受新興凱因斯學說的洗禮，同時又接觸自由經濟大師及其學說，對兩方的代表人物和理念都加以涉獵、熟悉，只不過施建生只真實地闡述和解析兩方的論說，讓聽眾和讀者自行選擇。而施建生描述海耶克和凱因斯、弗利曼和薩繆爾遜「君子和而不同」之美妙情景，尤其讓人印象深刻。

除了教書、寫作專書來傳布經濟觀念外，施建生也在報章雜誌上發表通俗性短文，評介經濟學說的演進，以及各學派和其領航人的學說。僅就中華經濟研究院的《經濟前瞻》雙月刊來說，從1992年7月到2013年3月，即刊載91篇施建生的文章，絕大多數都在介紹偉大學人及其學說和學派，少部分是施建生對特定議題的看法和評論。

施建生對經濟學發展的介紹，以1995年1月發表〈經濟學的改進〉一文最具代表性，他認為正統的經濟學發展到了十九世紀，體系已相當完整，但也受到許多批評，先有馬克思和其門徒，後有德國的歷史學派、美國的制度學派；而在正統學派中，也不時出現不滿的言詞。他舉李昂第夫在1954年一篇討論數學對經濟學的影響為例，指出「在現代實證科學中，很少有這樣一個精心構築的理論體系是建立在這樣一個狹隘而膚淺的事實基礎上的。傳統上，『純粹』的理論就沒有將其中所涉及的一些參數經過實情的驗證。……這些理論所依據的所有的實情假設都是定性的，因此就都是相當模糊與概略的。」

　　不少經濟名家也紛紛批評：主流經濟理論為了堅持追求嚴謹性，所犧牲的與實際社會的相關性實在太大。也有的說，它們沒與歷史發展發生密切關聯；而新制度學派更嚴屬批評，分析技術愈進步，與實際社會就愈脫節。批評者認為，正統經濟學將範圍縮得太小了，「近視性」有必要改進，例如應將經濟社會演化的各種因素涵括在內，也不能只用一些經濟計量模型來分析。因為這種模型無論如何完備，最多只能表達出一個初步的輪廓，與經濟制度的實際運作必定有大的差距。他們建議應該採用范伯倫（Thorstein Veblen, 1857-1929）所謂的「演變的概念」，運用「演化的方法」方克有濟。也就是說，對於經濟資料的選擇，綜合與解釋，都必須從其乃為另一較大的演變的整體之一部分這一觀點來著眼。對於經濟制度中所有組成部分可加以分析，但在分析過程中絕不可忘記它們只是整個制度中的組成部分，其本身的

意義大都是由該一「整體」所演化而出的，因為各種經濟事象的發生與存在都不是孤立的，必須從其與整個經濟制度的關係中才能徹底明白其意義，這也就是范伯倫所揭櫫的「演化經濟學」（evolutionary economics）的要義。

學派論爭：君子和而不同

施建生對於海耶克與凱因斯、弗利曼與薩繆爾遜捉對論爭，亦敵亦友、相互欣賞的描述，顯露出的「君子和而不同」之高超祥和境界讓人心嚮往之。以下精簡摘錄：

海耶克與凱因斯：海耶克小凱因斯十六歲，他在1931年由維也納前往英國倫敦大學經濟學院擔任教授，正是凱因斯革命醞釀的時刻。海耶克的見解與凱因斯相反，終於引起了一場頗為熱烈的辯論。在當時顯然是凱因斯勝利了，而且勝得很徹底，成為二十世紀第三個二十五年的主導理論。

施建生寫道：「凱因斯認為當時世界經濟之所以蕭條，失業之所以眾多，基本上是由於社會中總合需要的不足；而所謂總合需要之不足則由工人於充分就業時按當時之工資率所可收到的工資總額來決定，如總合需要不若工資總額之多，就是總合需要的不足。這就使社會中可能製成的產量不能全部銷售，結果就引起經濟衰退，以至於蕭條。這時唯有由政府採取通貨膨脹政策才能將這種逆勢扭轉過來。」

海耶克則不以為然。他認為「眾多失業之所以產生，是由於

勞動（以及其他生產要素）在各業（及各地）之間的分配與對其產品之需要的分配之間不能協調。這種不能相互協調的現象，是因『相對』價格與工資之體系受到扭曲所引起的。這只有將它們之間的這種關係加以調整之後才能改正。這也就是說，在各經濟部門中，所有各種價格與工資都須遵由供給與需要相等的原則而決定。換言之，失業之所以發生是由於各種在自由市場與穩定貨幣之下所自行產生的均衡價格與工資發生偏差之所致。這種偏差是不能以通貨膨脹來改正的；而且相反的，運用通貨膨脹只會使失業更為增多。」

施建生再寫說：「海耶克認為通貨膨脹進行愈久，則依賴通貨膨脹之繼續才能找到工作的人就愈多，這些人甚至還依賴這種通貨膨脹能加速地繼續下去。這不是因為他們如無通貨膨脹就找不到工作，而是因為他們已暫時被通貨膨脹所吸引而參加一些非常吸引人的工作，現在這些工作卻在通貨膨脹緩和或停止以後而又告消失了。」

施建生又指出，「海耶克的論斷當時固然沒有人聽，就是在第二次大戰後世界經濟正過著二十五年史無前例的大繁榮的期間，他仍不斷地提醒世人這種依賴通貨膨脹所形成的繁榮是不能持久的。為了防止經濟蕭條之來臨就須趁經濟正旺盛之時立即採取行動，停止通貨膨脹，但仍沒有人聽信。結果到了1970年代通貨膨脹與失業同時並發的病魔終於來臨。」

施建生認為，「凱因斯從不承認，為了增加貨幣需要以促進就業之永久的增加是須以不斷增加的通貨膨脹來支持的。但他後

來已徹底地體察到，對貨幣需要之不斷增加最後必會引起通貨膨脹的危機。到了晚年，他已對這一問題之發生甚為憂慮。但是，不是活著的凱因斯，而是他的理論，繼續享有影響力，決定了以後事態的發展。海耶克曾以他自己的經驗加以證明。他說，當他於1946年最後一次與凱氏討論這些問題時，凱氏已表露出對一些與他最近的同仁不斷極力主張信用擴張表示驚慌。他甚至誠摯地對海氏保證，如果他這些為1930年代之通貨緊縮所切需的理論會發生危險的影響，他將會立即挺身而出，設法改變輿論，使之步上正確的方向。但不幸的是，三個月以後他就逝世了。」

施建生最後寫道：「儘管海耶克對凱因斯有許多批評，但他仍認為凱因斯是他一生所遇到的感人最深的學術領袖。同時，在另一方面，凱因斯對於海耶克的卓識亦多美言。例如他曾寫信給海氏稱讚《到奴役之路》一書是一部巨著，對其中所提出的論點是『在道德信念與哲學思想上都完全同意的，不但是同意，而且深受感動的。』」[13]

弗利曼與薩繆爾遜：弗利曼是淡水學派的代表，薩繆爾遜則是鹽水學派領頭羊，兩人的意見往往相左，對問題的見解是南轅北轍。不過，兩個人對彼此在學術上的建樹都相互敬重，例如：當1976年弗利曼獲諾貝爾獎時，薩繆爾遜寫了專文致賀，一開文就寫著：「經濟學界早已期望弗利曼會得到諾貝爾經濟學獎，他所得的1976年獎是對於他的科學貢獻及學術領導之適切的確

---

13 這幾段話都引自施建生，〈海耶克與凱因斯〉，《經濟前瞻》第27號，1992年7月10日，頁134-136。

認。……我要強調的是弗利曼是保守派傳統中最優良部分的建樹者，不僅僅是那種觀點陳述者而已。……他是一位經濟學家的經濟學家。」薩繆爾遜還在該文談到他們兩人友誼的誠摯，結尾時表示：「他與我儘管政策主張不同與科學見解差異，但是我們是親近的朋友，已超過了四十年，這一事實也許表達了我們之間的情摯，但不僅如此，我們敢說這也是政治經濟學做為一種科學所處的景況。」因為「經濟學家對於許多問題都有共同一致的意見。弗利曼與我有時對某些問題有歧見時，我們都有方法能很快地找出差異的根源及內容，這種方法就不是非經濟學家所能想到的。……以我對於失業與企業自由所持的觀點論，我可以180度地反對他的政策，但仍能了解他對於事態真相的分析以及對於將來可能發生之事態的診斷。」

另一方面，弗利曼也說了許多對薩繆爾遜讚賞的話。他說：「雖然保羅（薩繆爾遜的名）與我常在公共政策問題上有強烈差異的意見，但我們卻是親近的良友，一直相互敬重各人在經濟學上的才能與貢獻。保羅在 1995 年 12 月 8 日的一封信中，將這種情況說得很清楚，『我希望我們的關係可以這樣說，儘管對於許多問題有不同的意見，但都能了解彼此的邏輯與實情的根據之所在。我們一直相當美滿地保持親和友善的尊敬。』」

弗利曼在一封致一本討論他的書的三位著者的信中說：「保羅與我都同樣深受芝加哥大學的學術傳統目的以及范納、奈特與沙門斯的影響，保羅還受到露絲（弗利曼夫人的名）的哥哥杜萊特的影響，他是保羅的經濟學的啟蒙老師。」

「在1996年，當赫茲利特（Henry Hazlitt）結束他在《新聞週刊》的經常專欄作家的職務時，《新聞週刊》的編者決定要以三位專欄作家來替代，乃選擇了薩繆爾遜作為『新經濟學』或者『新政』的自由派的代表，華萊熙（Henry Wallich）作為中間派的代表，與我自己做為『古老自由派』或者『自由企業派』的代表。我當時對於是否接受甚感躊躇，最後我終於決定接受，是因為與保羅通了一次長途電話時，他強烈勸我接受。在此後的十五年到保羅於1981年結束他的專欄作家時為止，我們兩人都每隔三週寫了一篇專欄文章，結果證明《新聞週刊》是我們兩人的一個最好的基地。我們在問題的實質上常常不能彼此同意，但在那一時期中，沒有一次由於個人的歧見或私人問題而發生不快，相反地，我們都能相互支援。」[14]

在臺灣，1981-82年也出現轟動一時的「蔣（碩傑）王（作榮）論戰」，其性質內涵與海耶克、凱因斯論戰和弗利曼、薩繆爾遜論戰異曲同工。蔣先生是海耶克的嫡傳弟子（博士論文指導教授），從研究生開始就在學術期刊上寫論文批判凱因斯理論，尤其對凱因斯的通貨膨脹籌措戰費和壓低利率政策更是嚴詞批評。王作榮先生則是典型凱因斯信徒，當然與薩繆爾遜較類似。兩人的論戰波濤洶湧，不只學者加入戰局，連大企業主也摻一腳，而各媒體不但提供戰場廣泛報導，而且還選邊站，整場論戰對臺灣民眾造成廣泛且深遠影響。蔣王的辯論煙硝四起、火花四

---

14 這幾段都引自施建生，《偉大的經濟學家薩繆森》，頁204-206。

射，好似不共戴天，其實他們私底下是好友，同樣彰顯「和而不同」的情操。

四、觀念傳布家任重道遠——代結語

綜上所述，可知施建生數十年來夜以繼日，利用教課、寫教科書、寫文章，以及為偉大經濟學家立傳等方式，傳布經濟觀念和思想，對於主流、傳統、現代經濟學派和具影響力學者一視同仁，只以流暢筆調真實傳達各家學說精義，幾乎不作論評，也不選邊站，充其量只作針鋒相對流派思想的比較。不過，個人長期研析、觀察，由海耶克和凱因斯、弗利曼和薩繆爾遜、蔣碩傑和王作榮論辯結果，以及1930年代以來「印鈔救市」成為主流政策，一直到二十一世紀一〇年代美國聯準會（Fed）的QE（量化寬鬆）政策收不了、理還亂的情景來看，凱因斯理論依然扮演主要角色。尤其2008年金融海嘯席捲全球以來，自由經濟和自由市場受到誣衊，更不禁讓我領悟到觀念威力的強大，以及人類的短視和自私、貪婪之嚴重。這也凸顯出經濟觀念傳布者的重要及責任重大和艱難，不由得對經濟觀念佈道家施建生教授肅然起敬了！

參考文獻

施建生，1992，《經濟學原理》十版。臺北：大中國圖書公司。

施建生，1996、2000，《現代經濟思潮》。臺北：大中國圖書公司。

施建生，2005，《偉大經濟學家熊彼德》。臺北：天下文化。

施建生，2006，《偉大經濟學家凱因斯》。臺北：天下文化。

施建生，2007，《偉大經濟學家海耶克》。臺北：天下文化。

施建生，2008，《偉大經濟學家費利曼》。臺北：天下文化。

施建生，2009，《偉大經濟學家李嘉圖》。臺北：天下文化。

施建生，2010，《偉大經濟學家亞當·斯密》。臺北：天下文化。

施建生，2013，《偉大經濟學家薩繆森》。臺北：天下文化。

施建生，2013，《偉大經濟學家約翰·彌爾》。臺北：天下文化。

張五常，1989，《中國的前途》。臺北：遠流出版公司。

許瑞浩，2011，〈我的學思生涯──施建生教授訪談紀錄〉，蒐錄於施建生，2013，《偉大經濟學家薩繆森》附錄，頁289-309，原文原刊載於《國史研究通訊》第一期，2011年12月，頁152-159。

物理科學第一夫人吳健雄

江才健

資深科學文化工作者與國立中央大學通識課程教師

　　吳健雄是1930年進入中央大學，那年她十八歲，可說已沉潛定志，意在千里。

　　中央大學是中國近代教育史上大學的先行者，1915年初創辦之時，叫做南京高等師範，首任的校長是當時一位國學名宿江謙，當時的學校設立在南京的大石橋地區，學校初設校長雖是江謙，實際校務卻是由學校教務主任，民初大教育家郭秉文負責其事。

　　郭秉文曾經在美國哥倫比亞大學師範學院習教育，對於教育深有理念，認為學校最重要的是教席的聘任，郭秉文在美留學時做過中國留學生聯合會會長，交遊廣闊，後來又曾專程在歐美考察旅行，因此他能夠很快替南京高等師範聘來許多一流師資。

　　後來做過美國駐華大使的司徒雷登，在他的回憶錄中就說，郭秉文聘到的五十位教師，「皆精通他們所教的學科」，當時中國最出名的學者胡適，若不是先答允蔡元培，去了北京大學，也會到後來的中央大學來的。

　　吳健雄進中央大學之前，在蘇州女子師範唸了六年。她出身一個開明的家庭，父親吳仲裔先生曾經在上海著名的南洋公學求學，這個學校由清末洋務派重要人物盛宣懷設立，是一個思想上

開放的學校，吳仲裔在那裡接觸許多新的觀念，後來不但在上海附近的老家瀏河，創辦了明德學校，對於自己唯一掌上明珠的吳健雄，當然也給予極為開明的教育。

吳健雄在瀏河的明德學校接受最初步的教育，除了《論語》、《古文觀止》之類的國學基礎，還唸了數學和注音符號等比較新穎的教育素材，吳健雄雖然學過注音符號的國語發音，可以說一般通行的國語，但是她卻一直有很重的上海口音。

1923年十一歲的吳健雄，以名列前茅的成績考入蘇州女子師範，吳健雄在蘇州女子師範的同學都說，吳健雄是一個非常努力用功的學生，也非常的積極進取，吳健雄因為唸的是師範科，比起一般中學科的同學，科學和英文方面的課程內容要少些，吳健雄於是想出一個辦法，每晚十點鐘學校晚自習後，把中學科同學的科學課本借來，夜裡自修學習數學、物理和化學。

除了學校的功課，吳健雄也是一個求知慾非常強的學生，對於如胡適等一些知名學者的演講，以及圖書館裡如《新青年》、《努力周報》的一些刊物，都是求知若渴的聽講和閱讀。

吳健雄在主科的課程方面成績名列前茅，寫作方面也很有天分，她自己還記得，一次在學校寫了一篇文章，老師給她的評語是「筆大如椽，眼高於頂」，吳健雄非常得意，回到家就把那篇得到評語的文章，故意放在父親看得到的地方，結果父親看了並沒有吭聲。

心高氣盛的吳健雄於是問父親說，「你沒有看到嗎？寫的不好嗎？」父親說，「好是好，就是有些空洞，寫文章應言之有

物。」這件事給了吳健雄很深刻的啟示。

父親給吳健雄的影響當然不止於此,她自幼年便看到父親在鄉里的種種作為;創辦學校,啟迪民風,父親對吳健雄也是諄諄教誨,多方栽培,後來吳健雄在傳記的訪問時也說,她的父親雖然沒有到過國外,但是各方面的觀念和思想,都十分進步。她出國之後就再沒有見到父親,但是在國外多年,看過這麼多人,一直覺得沒有幾個人比得上她的父親。

1929年吳健雄由蘇州女子師範畢業,照規定要教書一年才能繼續升學,但是當時師範服務的規定沒有那麼嚴格,所以吳健雄在這一年當中,去唸了上海的中國公學,也在那裡成為胡適的得意門生。

上海公學是中國第一所私立大學,是留日學生憤恨日人歧視,集體退學回國自力在1906年創辦的。胡適早年也曾投考中國公學,在其中唸過書,1928年中國公學發生學生風潮,當時已在北大教書的胡適出面解決,並且自兼校長,還開授一門文化史的課程。

吳健雄在中國公學修習的是胡適的「有清三百年思想史」。那門課一週兩小時,胡適由北平到上海來上課,由於選課的人太多,在大禮堂上課,吳健雄對於胡適老師每週兩小時的這門課,萬分欣嚮,受益良多,多年之後她談起十八歲那年聽胡適講學的往事,還是悠然神往。

胡適一開始並不認識吳健雄,有一次考試,吳健雄特別選了坐在中間最前面,就在胡適的面前,而且三個鐘頭的考試,吳健

雄兩個鐘頭就繳了卷，吳健雄後來還說，那回繳卷後聽到胡適稱讚說這個同學坐得很直，答得很快。

後來胡適在總務處，碰到教歷史的楊鴻烈以及教社會學的馬君武，三人談起來說吳健雄考得特別好，都是滿分。多年以後胡適在公開場合說過，他和吳健雄的這段師生經歷，是平生最得意，也最值得自豪之事。

吳健雄和胡適的師生情誼，綿長深厚，終生不渝。不論是吳健雄在中央大學唸書，後來她到加州大學柏克萊深造，以及在紐約哥倫比亞大學研究教學，都一直與胡適老師有密切的往還。

1936年胡適赴美參加哈佛大學三百週年紀念會，並發表演講，10月底到了加州大學柏克萊，和當時在柏克萊唸書的吳健雄等人在一晚飯中見面長談，第二天胡適等船回國時，給吳健雄寫了一封長信：

健雄女士：

昨夜在馬宅相見，頗出意外，使我十分高興。

此次在海外見著你，知道你抱著很大的求學決心，我很高興。昨夜我們亂談的話，其中實有經驗之談，值得留意。凡治學問，功力之外，還需要天才。龜兔之喻，是勉勵中人以下之語，也是警惕天才之語，有兔子的天才，加上烏龜的功力，定可無敵於一世，僅有功力，可無大過，而未必有大成功。

你是很聰明的人，千萬珍重自愛，將來成就未可限量。這還

不是我要對你說的話。我要對你說的是希望你能利用你的海外住留期間，多留意此邦文物，多讀文史的書，多讀其他科學，使胸襟闊大，使見解高明。我不是要引誘你「改行」到文史路上來，我是要你做一個博學的人。前幾天，我在Pasadena見著 Dr. Robert M. Millikan，他帶我去參觀各種研究室，他在Geretics研究室中指示室中各種工作，也「如數家珍」，使我心裡讚嘆。凡第一流的科學家，都是極淵博的人，取精而用弘，由博而反約，故能有大成功。

國內科學界的幾個老的領袖，如丁在君、翁詠霓，都是博覽的人，故他們的領袖地位不限於地質學一門。後起的科學家都往往不能有此淵博，恐只能守成規，而不能創業拓地。

以此相期許，你不笑我多管閒事嗎？勿勿祝你平安。

胡適 一九三六年十月三十日

此信寫了十多天之後，胡適忽然想起信裡提到的 Dr. Robert M. Millikan的「M」係「A」之誤，於是又寫了一封短信給吳健雄，叫她更正。吳健雄由胡適改正這一錯字的求真精神，也得到很大的啟示。

1959年5月1日，吳健雄赴美二十三年，在科學上已做出許多世界一流工作後，曾經給胡適寫了一封信，其中一段是：

幾星期前在整理舊物時，翻到我在西部做學生時您給我的信

件，有一封是我剛從中國來到西岸不久時你給我的信。信中對我誘掖獎導，竭盡鼓勵，使人銘感。所以我把它翻印出來特地寄奉，不知老師還記得否？我一生受我父親和您的影響最大，可是我父親在今年正月三日在上海故世，家兄健英亦在去年六月去世，從此生死永別，言念及此，肝腸寸斷，淚不自禁矣。

吳健雄和胡適深厚的師生之緣，竟在三年之後的1962年劃上句點。那一年吳健雄和丈夫袁家騮由美國回到臺北，出席在南港舉行的第五屆中央研究院院士會議，這是吳健雄離開中國二十多年之後，頭一次回到中國土地上。她的回來開會，也是因為胡適在1957年當選中央研究院院長，並且回到臺灣長住。

結果那一次院士會議頭一天下午的酒會，胡適說話後，站著和一些人打招呼，竟因心臟病突發向後仰身倒下，吳健雄親眼看到她最親近敬愛的胡適老師的去世，哀痛逾恆。

吳健雄進中央大學，本來唸數學系，一年後轉到她有興趣的物理系。那時中大物理系有許多名師，像系主任方光圻研究光學，高頭大馬的方光圻一向熱心提攜後進，對吳健雄這個成績超群的女生，自是獎掖有加。另外還有後來做了南京紫金山天文台台長的著名天文學家張鈺哲，以及教電磁學的倪尚達。

特別值得一提的是施士元老師。施士元1929年在巴黎大學，曾經跟隨居禮夫人做研究，1933年獲得博士學位後回國。他回來擔任中央大學教授，年方二十五歲，是當時最年輕的教

授。

施士元是相當有熱情的老師，吳健雄一向是一個喜好向老師請益，也希望老師對之關愛的學生，因此吳健雄和施士元老師的關係就相當的密切，施士元活到九十九歲，到2007年過世，其間吳健雄回到中國曾探望施士元老師。施士元的研究，和吳健雄後來探索的原子核物理，可說源出一系，許多年後，有人稱呼吳健雄是「中國的居禮夫人」，亦有一脈相承的巧合。

吳健雄讀書態度認真進取，她中大同學都記得吳健雄常在宿舍裡閉門讀書的情景，有時總電源關閉後，還看到她在搖曳燭光裡獨坐看書的身影。儘管頂尖出眾，但是年輕的吳健雄卻從不恃才傲物，交朋友有原則，也有她隨和的一面。

在中央大學，吳健雄和中國近代著名的女畫家孫多慈十分交好，她們一次經同學引介認識後，建立起一生不渝的友誼。後來孫多慈與民初大畫家徐悲鴻陷入師生相戀的情感糾葛，吳健雄就曾直言勸告孫多慈，認為她不應該太軟弱，不要又要愛，當面又不敢面對，弄得一團亂。

吳健雄對於孫多慈的直言勸告，不但見出她們的深厚情誼，也看得出吳健雄的一種為人個性。孫多慈說，吳健雄不多言語，不批評人家的長短，一直是她心目中的一座偶像，一位畏友。

在中央大學時代，吳健雄還有幾個特別相熟的女朋友，一位是唸化學的朱汝華，還有一位手帕交的同鄉女友董若芬，此外還有一位特別的女朋友，是胡適的遠房表妹曹誠英。

曹誠英才分出眾，能作古詩，與胡適有一段深刻感情，胡適

有名的〈有感〉一詩，「咬不開，捶不碎的核兒，關不住核兒裡的一點生意；百尺的宮牆，千年的禮教，鎖不住一個少年的心！」許多人認為就是為曹誠英所寫。

為了這段感情，曹誠英和家裡安排成婚的丈夫離婚，胡適因太太江冬秀哭吵打鬧，沒能離婚，後來曹誠英發憤讀書，考入中央大學農學院，吳健雄認識曹誠英，就是曹誠英在中大農學院擔任助教的時候。

胡適在北大任教，有時也到中大來看曹誠英。有一次胡適問起來，才知道曹誠英認識吳健雄，後來胡適來了，曹誠英燒幾個菜給他吃，總是打電話一定要吳健雄去，吃過飯大家要胡適寫幾個毛筆字，然後坐著聊天。

曹誠英後來感情幾經波折，孑然一身，也受到一些政治打擊，可說是薄命才女，吳健雄對她這位老友也十分嘆息。1973年曹誠英聽說吳健雄要回大陸，特地由安徽老家到上海，說要等吳健雄回來，吳健雄是那年8月回大陸，曹誠英在年初就病逝了。

吳健雄在中大四年，正所謂豆蔻年華，成長於蘇滬之地的吳健雄，明眸皓齒，婀娜體健，是一個青春綻放的江南佳麗，甚至女同學當中，都有人為之神魂顛倒，男性的私心愛慕，甚至表明心跡，恐亦難免。吳健雄雖感情豐沛，但由於心懷大志，立志要在科學上做出一番成績，因此在中大並沒有放情於男女之愛。

吳健雄唸中大期間，大一那年發生了日軍入侵東北的「九一八事變」，第二年又有日軍登陸淞滬的「一二八事變」，吳健

雄深感國危家難之甚，她說由於自己成績很好，不會被校方以課業不良理由退學，因此曾經被推舉作學生遊行請願的領頭人，不過吳健雄不是一個激烈份子，後來與吳健雄私交彌篤，《中國時報》創辦人余紀忠，在中大時確是一個慷慨激昂的學生領袖。

1934年吳健雄由中大畢業，先到浙江大學當了一年助教。當時的系主任張紹忠對吳健雄十分賞識，後來特別推薦她到中研院物理所去工作，那時中研院理工實驗館位於上海滬西愚園路底，吳健雄去了跟隨一位由美國密西根大學回來的女研究教授顧靜薇一塊工作，進行在低溫下測定某種氣體的光譜，她們兩人埋首於暗室中，到了廢寢忘食的地步。

1936年吳健雄得到叔父資助，準備到美國密西根大學唸書，她和中大的同鄉手帕交董若芬同行。她們去買船票，結果要買的二等艙都賣完了，只剩下一個頭等艙票還空著。於是吳健雄就向船公司賣票的人說，希望他們把空著的頭等艙賣給她和朋友一起住，兩人在二等艙吃飯，付二等艙的錢。船公司的人說不可能，吳健雄反問為什麼不可能，讓那人回去問問他的老闆。

吳健雄回到家告訴父親，父親也認為不可能。第二天吳健雄回去一問，那人說老闆真的同意了，於是吳健雄便和董若芬以二等艙的票價，住進了「胡佛總統號」輪船的頭等艙。

1936年8月，吳健雄的父母家人親戚朋友，齊聚黃埔外灘給她送行，本以為只是出國幾年，很快就可以學得知識回家，哪知道這一去就是三十七年的睽違，她再也沒能見到摯愛的雙親。

吳健雄坐船在舊金山登岸，先順道在加州大學柏克萊探望一

位先生在那訪問講學的女友，經人安排，前幾禮拜才由中國來，也是唸物理的袁家騮，帶吳健雄到學校裡參觀，對物理科學已深有認識的吳健雄，立即被那裡的先進科學設施，以及頂尖科學人才帶起的活躍氣氛吸引，馬上有了留在柏克萊，不去密西根大學的想法。

吳健雄自己說，當時密西根大學所在的中西部，不如加州的自由開放，她還聽說學校有一個學生俱樂部，雖然是男女同學共同募款建成，女學生卻不能由正門出入，必須走側門。這種對女性的歧視，使吳健雄大感意外，也極不以為然，因為她在中國唸書的中央大學，不但有許多女同學，也從來沒有受過不公平的待遇，這也就使她更堅定不去密西根大學的想法。

不過這個決定卻使得和她同行的好友董若芬，十分的意外和不快，董若芬後來獨自去密西根大學唸化學，然後回到中國，若干年後又重到美國，但是和吳健雄卻也就此斷絕了往日親密的友誼。

吳健雄進入加州大學柏克萊，由於才貌出眾又聰慧過人，立即成為研究所裡的風雲人物，在30年代的美國，一般華人在美國社會的形象，多是社會中下階層，吳健雄可以說完全顛覆了那種既定印象。她在科學實驗方面的過人才分，立即引起當時在柏克萊的大科學家，也是吳健雄的老師歐本海默（Robert Oppenheimer）和勞倫斯（Ernest Lawrence）的賞識，歐本海默和勞倫斯看到吳健雄在放射性元素衰變實驗的傑出成就，很快認定她為這方面的真正專家。

1940 年 5 月 17 日，吳健雄的博士口試在柏克萊物理系萊孔特館 222 室舉行，五位口試委員中有已經得到諾貝爾獎的勞倫斯，還有兩位後來得到諾貝爾獎的物理學家西博格（Glean Seaborg）和阿瓦瑞茲（Luis Alvarez），可說一時空前。

　　其實在吳健雄得到博士以前，實驗工作便已經嶄露頭角，她的工作和當時還十分敏感的原子分裂密切相關，有一次歐本海默請她來演講，吳健雄講了一個小時原子核分裂的純物理，然後她說，「我現在必須停下來，不能再講下去」，她的老師歐本海默和勞倫斯在座上聽了哈哈大笑。那時柏克萊所在地奧克蘭的《奧克蘭論壇報》刊出一篇報導，標題是〈嬌小中國女生在原子撞擊研究上出類拔萃〉，還刊登了吳健雄一張明眸皓齒聰慧秀麗的照片。

　　吳健雄的科學才分出眾，外貌出色動人，個性開朗，尤其經常穿著一身旗袍，有人說當時柏克萊物理研究所的年輕人，每一個人都在追求她。在柏克萊時代，吳健雄曾經交往過一個男朋友叫做法蘭柯（Stanley Frankel），在吳健雄口中，法蘭柯是一個相當聰明、有猶太血統的年輕人。吳健雄和法蘭柯交往一陣子，後來選擇了最初帶她參觀柏克萊校園的袁家騮，和吳健雄與袁家騮交誼親近的好友透露，吳健雄一次到東岸去的時候，曾經和她最敬仰的胡適老師，談過自己終身的感情抉擇，也由胡適老師那裡得到一些對感情和婚姻選擇的建議。

　　1942 年 5 月 30 日吳健雄三十歲生日前一天，她和袁家騮在當時加州理工學院校長密立肯（Robert Millikan）的住宅庭園舉

行婚禮，度完蜜月，袁家騮到東岸從事國防研究工作，吳健雄也接受了東岸史密斯女子學院的約聘。

吳健雄在實驗物理方面出類拔萃，但是卻沒有辦法留在柏克萊，1942年下半，她離開柏克萊到東部去教書，不是吳健雄不想留在柏克萊，柏克萊物理系不能聘她為教席，理由居然是，當時美國最頂尖的二十個研究大學，沒有一個學校有女性的物理教席。

吳健雄在麻州史密斯學院教了一年書，第二年轉到普林斯頓大學擔任講師，由於她的工作與美國當時製造原子彈的「曼哈頓計畫」，有相當密切關係，吳健雄乃以一個不是美國公民的身分，加入機密的「曼哈頓計畫」，而且她早幾年的一項實驗工作內容，還解決了人類頭一個原子反應堆反應會停止的問題，那反應堆是由大科學家費米（Enrico Fermi）在芝加哥領導完成。

二次大戰最後因日本投降而結束，這時吳健雄已經在哥倫比亞大學，但是受到當時美國常春藤盟校普遍的性別歧視影響，職位是不在教席中的資深科學家，因為她的一流科學工作，戰後依然能夠留在哥倫比亞大學。吳健雄當下將原子核物理科學文獻研究一下，決定投入貝他衰變的研究。

貝他衰變是原子核物理中一個有長久歷史淵源的領域，十分重要，但是理論和實驗方面卻有許多沒有釐清的問題，正是吳健雄可以大展身手的天地。果不其然，吳健雄費了幾年功夫，做出幾個重要實驗，把其中許多紛擾不休的爭論，一下子都釐清了，也因此吳健雄在貝他衰變領域中，立即有了舉世聞名、一流精確

實驗物理學家的聲譽。

這個名聲其實來的並不容易，原因是這個領域中的一些大物理學家，在實驗中都出過一些錯誤，而當時吳健雄得到的評價是，「如果一個實驗是吳健雄做的，就一定不會錯。」這是一個極其難得的令譽。儘管如此，到 1950 年代，吳健雄在哥倫比亞大學物理系卻一直是一個副教授，許多人都替她抱不平。

1956 年兩個年輕的中國籍（中華民國籍）的理論物理學家楊振寧和李政道，探討當時物理現象中一個所謂的「$\tau-\theta$ 之謎」，他們提出一個大膽的理論猜測，由於這個理論猜測挑戰了物理科學中被認為是支柱的左右對稱概念，許多科學家並不看好，但是吳健雄獨具慧眼，立即看出驗證這方面問題的重要性，並且著手進行實驗。

吳健雄的實驗相當困難，期間幾經波折，到 1956 年底終於得到結果，也立時震驚了物理學界。應是由於這個實驗工作所驗證理論的重要性，第二年的諾貝爾物理獎就頒給了楊振寧和李政道，然而吳健雄卻不在其中，引起許多人的不滿。

吳健雄為何沒得到諾貝爾獎，有許多的猜測和討論，一般認為，在做實驗時，吳健雄與合作的國家標準局實驗科學家關係不睦，可能是最主要的原因，另外實驗結果公開後，哥大物理系高調宣傳，讓光環都在哥大的吳健雄和李政道身上，引起很大的不滿，也造成與吳健雄合作的科學家中，一些出身牛津大學的科學家老師科提（Nicholas kurti）的不滿，不但公開寫過文章，還可能向瑞典諾貝爾委員會施壓。當然真正的內情，還必須等將來相

關人士不在之後，由科學歷史學家從文獻中找出究竟的原因。

　　吳健雄雖說沒有得到諾貝爾獎，但是有一個十分貼切的說法，那就是她得到了諾貝爾獎之外，幾乎所有重要的獎項，其中最具代表性的是一位以色列工業家所設立的沃夫獎（Wolf Prize），這個獎設立的一個用意，就是頒給一些應該得到諾貝爾獎，卻沒得到的遺珠，吳健雄正是1978年這個獎的第一屆得主。

　　除了貝他衰變，吳健雄還在向量流守恆和雙貝他衰變兩個物理的工作上，有相當傑出的成就。她在哥倫比亞大學物理系一位得過諾貝爾獎的同事庫許（Polykarp Kusch）曾經評價吳健雄的實驗工作，他說吳健雄「實驗設計總是極端的優雅，優雅中帶著很高的美感特質」，這是真正懂得實驗設計工作的科學家，所給予的極高評價。

　　吳健雄不但實驗工作傑出，在科學界也得到普遍肯定，她曾經在1975年當選為美國物理學會會長，在她之前這個會長不但沒有非白人擔任，更沒有女性。有人稱呼她為物理科學的女王，更有人稱她物理科學的第一夫人。

　　吳健雄1936年離開中國，除了1962年到臺出席中研院院士會議，以及1965年回臺灣接受嘉新文化基金會的特殊貢獻獎，兩度訪問講學，到1973年因美國和中國關係解凍，才能回到家鄉，面對的卻是父母叔父皆亡，兄弟凋零的傷痛局面。

　　1983年吳健雄再到臺灣訪問，特別到母校中央大學參加研討會，也在學校發表公開演講，與老師及學弟妹見面，場面熱烈，是當時臺灣學術界難得的一個盛況，以後吳健雄還多次回到

中大，對母校的關愛溢於言表。

1983年的那一次到臺灣訪問，吳健雄袁家騮特別當面向當時的蔣經國總統建議，後來在臺灣開始了同步輻射計畫，她和袁家騮都擔任同步輻射計畫的諮議委員，以逾八旬高齡，千里迢迢飛回臺灣來開會，一年好幾次。

吳健雄在美國住了半個多世紀，研究的是西方科學，但由於自幼受父親庭訓，也一直受到胡適老師中國文化的教誨，對於自己的傳統和文化，有深厚的信心，從來沒有「月亮只有外國圓」的觀念，一直是一個有根有本的中國人。

吳健雄在紐約，是住在離哥大不遠的學校公寓，在她公寓的茶几上有一個臺灣大理石的圓盤，圓盤中以清水養著幾塊石頭，是南京雨花臺的紅石，水自然是美國的水，這個饒富象徵的組合，或許正是吳健雄的心情寫照。

1960年左右，吳健雄曾經給一位老友寫了一封信，信上說，「剛才有人來電告訴我，明天是中國舊曆新年。每逢過年過節，總不免懷舊家鄉，尤其老父長兄均已先後過世，老母年老多病。」「我們流落異邦，無論如何成家立業，心中免不了惆悵無由。」

吳健雄相信冥冥的天意，但是並沒有信奉宗教。她說，曾經也有一些朋友勸她信教，她知道別人是好意也不和別人爭論，但卻一直沒有去信仰宗教來求得心靈安慰。

對於生命時光的速逝，吳健雄在感懷中認為應把握時間努力工作。她在八十歲那年的一次訪問中說，「我今年八十歲，想想

看，八十年很快便過去了。」「一個人真正能夠做事的時候，還是中間的青壯年時期，頭上是小孩子，到老了退休，精力也稍差了，也還有老年的困難，因此在青壯年時，應該多努力一下，不要以為來日方長。」

　　吳健雄在臺灣復校的母校中央大學，1989年頒授榮譽博士給她。1990年南京紫金山的天文台，特別將他們發現的一顆小行星正式命名為吳健雄，表示對她的尊崇。1991年吳健雄任教的哥倫比亞大學，將代表學校至高榮譽的普平獎章頒授給她。

　　吳健雄在1992年度過八十歲的生日，在哥倫比亞大學、臺灣和中國大陸以及歐洲好幾個地方，都有慶祝她八十壽誕誕辰的科學盛會。1995年年中，吳健雄有一次中風，所幸情況輕微，除了視力稍有影響，幾乎可以說沒有後遺症，後來加裝心律調整器，恢復得十分良好。

　　1996年臺北出版了吳健雄的傳記，諾貝爾獎得主楊振寧和丁肇中都出席傳記的發表會，第二年吳健雄去世後，也有簡體版的問世。1997年2月，吳健雄在家中腦溢血去世，享年八十五歲。逝後骨灰歸葬上海附近的家鄉瀏河，墓園在她父親所創明德學校校園中。

　　吳健雄曾經是哥倫比亞大學的普平講座教授，也得到過代表至高榮譽的普平獎狀。普平（Michael Pupin）是由南斯拉夫到美國的移民，終身致力於提升美國的科學發展，在哥倫比亞大學協助創立了美國物理學會，因此哥大物理系的大樓也命名為普平大樓。

吳健雄曾經評價普平的成就。她說，「普平的工作永遠展現出真知灼見，理論深思和實驗力作的最佳結合。」吳健雄的同事說，這樣的描述同樣也適合於她。

　　2012年吳健雄百歲誕辰，5月在吳健雄家鄉的太倉和瀏河都有盛大紀念會，年底在臺灣母校的中央大學也舉辦了紀念研討會。

　　在為紀念吳健雄製作的紀錄片中，吳健雄的兒子袁緯承說得很好：

> 愛因斯坦評價居禮夫人，我認為事實上十分貼切，一個人的成就不只在智識的貢獻，也在他們的道德品質，以及他們的勤奮堅毅和守正不阿。
>
> 我認為，這樣的評價對我的母親也十分貼切。

Yuan-Cheng Bertram Fung (馮元楨) — Transformation of Biomechanics

By Pin Tong

Emeritus Professor of Mechanical Engineering Hong Kong University of Science and Technology,

Emeritus Professor of Bioengineering University of California at San Diego

Preface

Yuan-Cheng Bert Fung (Pic. 1) has been a teacher, a mentor and a role model to many, but first and foremost he is a world-class scientist. No individual has been more instrumental or deserves more recognition for shaping the modern development of biomechanics. His achievements are best described by a Tang Dynasty poem:

Pic. 1 Yuan-Cheng Fung next to a conceptual alveolar sheet of the lung.

.... At the tallest peak of mountains, the surrounding hills look small....

I've had the good fortune to be closely associated with Yuan-Cheng for more than half a century. He has been my supervisor, my teacher, my colleague and most of all, my friend, yet it was a stroke of luck that I first met him. Shortly after arriving at Caltech from Taiwan in 1962, I was waiting outside Professor Ernest Sechler's office to see him about financial aid when I heard a loud laugh and saw a tall man (by Chinese standards) walking towards me.

As he neared me the tall man stopped and asked, "Can I help you?" When I told him my reason for being there, he replied, "My office is down the hall, why don't you drop by after seeing Sechler?" I did. That man was Professor Yuan-Cheng Fung and he offered me a job on the spot.

I started working for him the next day, became his student when the next semester began and my life was never the same thereafter. In 2001, I had the great honor to co-author a book with him, entitled *Classical and Computational Mechanics*.

I must acknowledge the people who have helped prepare this manuscript:

- Conrad and Brenda Fung, Yuan-Cheng's children, who provided family photos and reviewed and edited the manuscript.
- Shu Chien who not only provided details on Yuan-Cheng's biomedical contributions, but also recommended to the National Central University (NCU) that I write this biography to celebrate its 100th Year Anniversary.
- Geert Schmid-Schönbein, Theodore Yao-Tsu Wu, Zhemin Zheng, Savio Woo, Peter Chen, and many others who supplied background information and anecdotes about Yuan-Cheng and his family.
- Special thanks to Betsy Tong, my daughter, who read and edited the manuscript. Last but not least thanks to my wife, Siang Wen, whose patience and care has sustained me to complete the writing.

I. Preamble

A baby boy was born on September 15, 1919 in Yuxiang, Jiangsu, China, against the backdrop of a war with Japan. His name was Yuan-Cheng (Y.C.) Fung and he grew up not only to contribute significantly to the field of aeronautics, but also to transform the field of biomechanics and earn the nickname "The Father of Modern Biomechanics". He received many awards and accolades for his work, including the prestigious President's National Medal of Science of the United States.

Fung came by his intelligence and work ethic through genetics. Both his father and grandfather were educators possessing a long list of skills. Under their care and rigorous tutoring, he followed in the family tradition: well versed in poetry, literature, calligraphy, stone carving, drawing, painting and gardening (Pic. 2).

Pic. 2 Sketch of the family and carvings by Fung: Top row: Kenneth Manos, Y.C. Fung, Luna Fung, Conrad Fung. Bottom row: Brenda Fung, Nicholas Manos, Anthony Fung, Jin-Nan Shen.

A key childhood experience that shaped him occurred when he was 10 and in the 4ᵗʰ grade. In the summer of 1929, one of his favorite cousins got married. During the wedding banquet a boiling hot dish spilled on Yuan-Cheng's leg, scalding him badly. He did not make a fuss, but retreated to his room where he recalled a recipe from his reading and made a paste of lime calcium oxide (CaO) and water to dress the wound. When his mother and aunt discovered what had happened and what he'd done, he was praised for doing everything right. Weeks later Yuan-Cheng wrote about the wedding and the incident for an assignment at school. He thought his paper was long-winded and artless, but his teacher liked it and made a big deal about it in class. The event and the praise he received influenced his attitude towards writing and expressing his thoughts for the rest of his life.

Fung entered the university to study aeronautics, his patriotism activated by Japan's air assaults all over China at the time. He wanted to help China develop its own aircraft so it would never again be subject to another country's air attacks.

He received his BS in 1941 and MS degree in Aeronautics in 1943, both from the National Central University (NCU) in Chongqing, and then went to work at the Bureau of Aeronautical Research in Chengdu to design airplanes.

When China's war ended in 1945, Fung set out to resume his studies in Aeronautics and Mathematics at the California Institute of Technology (Caltech) in Pasadena, California, receiving his PhD in 1948.

Fung's fortuitous opportunity to attend Caltech had its origins in a dinner party in 1943 when a group of American professors visited with the then Chinese Minister of Education, Li-Fu Chen (陳立夫). One professor asked why the U.S. had not seen Chinese graduate students in recent years, and the Minister replied that during the war China had no resources available to send students abroad. The professors returned to the U.S. and arranged for 42 scholarships at various universities, with the Chinese Ministry of Education agreeing to fund 30 more. A nationwide examination was held in 1944 to find candidates. Fung took the exam and when the list of scholarship recipients was published, his name was on it for aeronautics and he was sent on his way to California.

After completing his PhD, Fung stayed on as faculty at Caltech and specialized in continuum mechanics, shock responses, aircraft and aerospace structures, flow-structure interaction and their applications to aeronautics.

Over time, he became fascinated with how his knowledge could apply to humans, declaring:

> "...force, motion, flow, stress, strength, and remodeling – pervade the living world, ... I resolved to dedicate myself to the development of biomechanics."

In 1966 he moved to the University of California at San Diego (UCSD) to follow this desire to apply the lessons learned in aeronautics and founded the new discipline of bioengineering.

Fung has been an academic throughout his career. He never built airplanes for the Chinese air force, but his work contributed extensively to improving the design and performance of their high speed aircraft. His later work in biomechanics not only transformed the field but contributed greatly to the understanding of biomechanics' role in the living world and to improvements in human health. His work, in the two vastly different fields of aeronautics and biomechanics, has ranged from the highly theoretical to solving simple but important practical problems. His publications are more than just incremental changes of his work: they stand as one-of-a-kind documents making important landmark contributions to whichever discipline is being discussed.

Through his numerous articles and books, Fung talks about his approach to dealing with mechanics and biological engineering problems:

1) determine the geometry or morphology of the system,

2) determine the materials involved and their mechanical properties,

3) formulate the basic governing equations,

4) specify the boundary conditions, and

5) perform experiments and compare experimental results with theoretical predictions.

His approach led to aeroelasticity research of curved panels, morphological and histological studies of biological organisms, experimental and theoretical investigation of constitutive law through selection of a minimum number of ad hoc assumptions – employing only the most basic principles such as Newton's laws of motion, conservation of mass, momentum, and energy; and the second law of thermodynamics.

He advanced scientific knowledge through finding disagreement between theory and experiment and using agreement to allow the validated theory to solve new problems and predict new events. This approach is meshed throughout his life work, which is summarized in *Selected Works on Biomechanics and Aeroelasticity, Parts A and B*, Y.C. Fung, World Scientific, 1997.

In it, Fung expresses his passion:

"...Waves of excitement went through me. Again and again the ideas generated in my mind beautiful vistas of the future and immediate plans for new investigations to be made..."

II. Aeronautical Work at National Central University and California Institute of Technology

Fung showed his talent young. Yao-Tsu Wu[1] told the story that he was given a difficult problem at the famous Fourth Middle School in Beijing. When he could not handle it, the teacher said: "A former student Yuan-Cheng Fung did it."

While a graduate student at NCU, he wrote a paper on the mechanical properties of bamboo. His MS thesis there in 1943 was a mathematical study of low arch stability. He showed that a symmetric arch subjected to a symmetrically distributed loading can have a much lowered critical buckling load when asymmetric deformation is allowed. Low arches[2] are used extensively in airplanes, ships, and buildings. He later expanded his thinking on low arches in his work at Caltech.

Fung published his first book, *Gliding and Soaring in Clouds*, Chinese Gliding Society, 1944, when he was only 25.

He continued to demonstrate his brilliance at Caltech where he studied stress and elasticity and specialized in the mathematical theory of elasticity and nonstationary aerodynamics. After graduating from Caltech he worked on structures, vibrations, elastic waves, and stochastic processes, including

---

1 Theodore Y. Wu is a world renowned Professor Emeritus of applied mathematics and fluid mechanics at Caltech.

2 Beams of small curvature.

protective structures against nuclear bombs. Much of his work was related to the design of flight structures and their interactions with airflow, especially at supersonic speed. The next section will describe some of the advances he made in aeronautics. These theories show the elegance of his thinking and creativity.

II.1 Swept Wings

In the late 1940s the thin, swept wing was used commonly for high-speed airplanes. Both the stresses in and the range of deflection of the wing were key elements of design. Because of the complexity of analysis, designers often approximated the wing platform as a rectangle, a parallelogram, a triangle, etc. Fung simplified the wing as a thin cantilevered plate of rectangular cross section with varying angle of sweep, vastly simplifying analysis by expressing the deflection in terms of the normal modes of vibrating bars and determining the coefficients by the Rayleigh-Ritz method.

He identified the boundary layer phenomenon in the deformation of thin plates. He showed that the effect of variable thickness on the stress distribution and chord-wise distortion is large and can lead to large errors in design if the thickness variation is ignored, even if it is small. Thus chord-wise distortion is important, as it affects the strength and aerodynamics of the wing. Again, Fung's work led to a better understanding of swept-wing behavior by reducing the swept-wing problem to a form amenable to theoretical analysis and simplified the design methodology.

II.2 Dynamics Spectra and Ground Shocks

In many dynamic stress problems, the loading is never exactly known and the physical system is so complicated that detailed calculations of the dynamic responses are difficult and uncertain. The result of an individual observation of a physical phenomenon is not adequate for exact prediction of general responses. In other words, the physical data and the forcing functions are statistical.

The objective of the analysis is then to draw valid inferences about the statistics. For example, in the gust-load design, a "sharp-gust formula" giving the normal acceleration experienced by an airplane can be used. However, such a formula is useful only if the gust speed is based upon an "effective" value obtained by acceleration measurements on an airplane. The effective gust is different for each particular type of airplane as it depends on airplane size, flexibility, flight speed and type of construction, so an effective gust formula is needed for every new type of airplane.

Fung thought that a theoretically more satisfactory procedure would be to measure directly the atmospheric disturbances (gusts) and then design the structures accordingly. A few typical gust profiles can be defined which produce the critical dynamic stresses in the structures. The intensity of theses typical gusts can be determined statistically by flight measurements, reducing the gust-loading problem to a well-defined problem of finding the response of an elastic airplane to some specified gust profiles.

In this approach, one determines the mean intensity of the dynamic response and an "envelope" representing the probable largest stress at any point in the structure. The envelope is then used for specifying the design stresses of a given uniform safety factor over the entire structure with respect to a random forcing function. From the probability of exceeding a given maximum stress, the life expectancy of the structure is determined as a function of the specified load intensity. This approach simplifies the design against sharp-edged gusts for airplanes.

Fung also did extensive work on shock spectra[3] and their related maximum responses. The study helped understand how to protect everything from buildings to rockets, against stresses incurred from shipping to earthquakes to nuclear blasts. In the early 1950s, one estimated the maximum response of a multiple-degree-of-freedom response problem by superposing the absolute maximum values of each mode. Such estimates are often too conservative. Examining single-pulse type shocks, Fung and colleagues, with proper normalization, rendered some general properties of the shock spectra insensitive to certain details of the shock history. They demonstrated the practical use of such spectra to determine the response of multiple-degree-of-freedom systems. Fung found that the most important parameter characterizing the amplification spectrum is the ratio of the rise time of the pulse to the half period of the oscillation. From the experimentally determined amplification spectrum, the total impulse, the rise time and the peak-value of the pulse can be determined. If the fundamental frequency is sufficiently high, a close approximation of the peak response of a multiple-degree-of-freedom system is given by the algebraic sum of the peak responses of the individual degrees of freedom. Since the amplification spectrum is insensitive to the details of the exact history of the pulse, for engineering design purposes only the total impulse and the rise time are needed, not the

---

3 A shock spectrum of a suddenly applied load represents the peak response as a function of vibration frequency of the system.

exact manner in which the pulse varies with time.

Fung's visionary approach was embraced by the industry and changed how buildings and structures are designed to withstand shock.

For nonlinear systems, the characteristics of the response are even more complicated. Each particular case has to be treated in its own right since a specific spectrum for a given ground shock is of limited utility, because it does not provide information on the response variations due to changes in the ground shock amplitude. Thus it is essential to formulate the problem in a manner where the features of the solution can be presented simply and concisely. For single-degree-of-freedom systems, Fung and his colleagues introduced the "loading ratio"[4] concept for nonlinear design and illustrated it by examples showing the improvement of nonlinear systems over that of the corresponding linear ones.

II.3 Aeroelasticity

In 1955 at the age of 36, Fung published his seminal textbook, *An Introduction to the Theory of Aeroelasticity*, John Wiley & Sons, still a bible for aeronautical students and engineers on the safe design of high speed flying-craft. The book was translated into Russian in 1959 and into Chinese in 1963.

His overall work on aeroelasticity laid the foundation to understanding panel flutter.[5] The phenomenon was observed in rocket tests and in the skins of wing and fuselage in supersonic stream. Flutter is of concern as it can cause

---

4 For a mass-spring-system, the load ratio is the load of the nonlinear system to that of the corresponding linear one, with both systems having the same maximum displacement response.

5 Flutter is a self-exciting instability in which the structure vibrates violently in air for flow above a critical speed.

fatigue and destruction of the structure. Previous investigations neglected the membrane stress in the panels of the skin of the wing. Combining experimental and theoretical approaches and accounting for the effect of the induced membrane stress, Fung defined the conditions for maintaining static equilibrium and avoiding flutter in trans-sonic and supersonic flows. He found that the flutter is sensitive to the mean compressed stress in the plate and proved entirely different conclusions with regard to thermal buckling.

The upper bound of the flutter pressure of curved panels approaches zero at thermal buckling. If panel flutter is to be avoided, thermal buckling cannot be tolerated. For curved panels, lateral deflection occurs under edge compression, making the compressive load less for any specific deflection. The reduction is beneficial to prevention of panel flutter, whether due to initial curvature, support elasticity, temperature differential or edge movements. This shows the importance of initial warping and pressure differential across the plate to the panel flutter.

Fung's discoveries improved our understanding of the nature of panel flutter and how to avoid it, vitally important because flutter reduces fatigue life, increases aerodynamic drag and limits the allowable stress in the panel.

II.4 Buckling of Thin Shells

Thin wall structures are used extensively in aircraft and aerospace vehicles because of their light weight and efficient load carrying capacity. Such structures may become elastically unstable, called buckling, which causes a rapid decrease in the equilibrium load once a critical value is surpassed. Such a loss of loading capacity is critical to structural safety. Thus avoidance of buckling is essential in design.

Solving the instability problems of thin shells is enormously difficult because the multifarious ways to approximate the linear and nonlinear load-deflection relationship make the mathematical formulation complex. Experimental studies are also accompanied by difficulties since imperfections of the structure, the way loads are applied, and the static and dynamic disturbances can affect the test results. The wide scatter and non-repeatability of experimental buckling results attest to the difficulty and the need for attention to testing methods, especially for cylindrical shells under axial compression. Thousands of papers and books published on the topics theorized solutions but it was Fung and his students who provided partial answers and really advanced the understanding of buckling.

They focused on shallow arches and spherical shells. They proposed a perturbation method to determine the buckling loads, in which the non-dimensional radial deflection at the center served as the perturbation parameter. The nonlinear equations were converted into a sequence of linear ones by expanding all dependent variables in powers of the center deflection and equating the coefficients of each power. They also pioneered an electric plating technique[6] to make nearly perfect shallow spherical shell specimens for testing. The plated specimens had minimum residual stress, a major advancement over the conventional spinning method which made specimens with high residual stress. They analytically determined both the symmetric and asymmetric buckling loads under symmetric loading, measured the post-buckling behavior, and recommended techniques for designing such structures. Their studies gave insight to the parametric dependence of thin wall structures. Other researchers have followed the perturbation concept by

---

6 As a matter of fact, plating shallow spherical cap was my first job under Professor Fung.

expanding the nonlinear equations in the power of the arc length from the center of the shell and solved the problem numerically on high speed computers. The detailed calculations based on the nonlinear equations bring the theoretical critical buckling load fairly close to the experimental values.

In 1965 Fung published *Foundations of Solid Mechanics*, Prentice-Hall, New Jersey. The book lays out the spectrum of solid mechanics and explains the unifying concept of continuum mechanics. It has become the seminal text for students and engineers and is taught in universities worldwide. It was translated into Japanese in 1968, Polish in1969 and Chinese in 1982, and was expanded and renamed *Classical and Computational Solid Mechanics*, World Scientific, with myself as coauthor in 2001.

With his many accomplishments at Caltech, Fung became a top authority in flight structures, flow/structural interactions, shock responses, and other scientific and engineering fields. He was highly sought after for consulting by many who's-whos of aerospace companies, including TRW, Boeing, Lockheed, North American Aviation, Douglas Aircraft, and Aerospace Corporation.

III. Bioengineering Work at UCSD

After years of working in aeronautics, Fung sought to apply his expertise to a new field. He had always been fascinated by the workings of the human body. In 1958, Fung was on sabbatical leave in Germany. While he was in Göttingen, his mother was diagnosed with glaucoma. To help her, Fung read articles on glaucoma at the library of the University's physiology institute and translated them into Chinese for her doctor. The study of physiology aroused old desires to decipher the human body, but for him the glaucoma material lacked the mathematical clarity of classical physics. He thought his experience in applied mechanics could help develop physiology as a discipline like physics.

In 1965 he officially shifted his work from aeronautics to biomechanics. In 1966 Fung and Drs. Benjamin Zweifach and Marcos Intaglietta joined UCSD to establish the Bioengineering program. He has devoted himself full time to physiology and bioengineering ever since.

Applying his profound, elegant knowledge of mechanics to the study of the functions and properties of biological tissues, Fung established the foundation of biomechanics for a variety of living tissues in organs including the lung, heart, blood vessel, blood cell, ureter, intestine and skin. Fung's work was revolutionary and advanced the world's thinking about biomechanics.

Some of that thinking was developed in the garden of his home in La Jolla, California, where he liked to have colleagues gather. In the garden there is a macadamia tree, the source of many nuts and even more arguments. When the nuts were ripe Fung would offer them to his guests, but the nuts are difficult to get to - you have to smash the shell and then tear it apart. Among engineers, the debate was always about what the mechanical properties of the shell are and whether the cracking is brittle or inelastic. The discussions were sometimes more intense than our arguments about biomechanics.

Mathematics might have been at the core of Fung's abilities to push our thinking on microcirculation and soft tissue, but even his love of gardening was a source of innovation. Like all great minds, Fung was able to apply disparate ideas to his thinking. At a party to celebrate his 40th wedding anniversary, Fung told of how his theories of tissue engineering were inspired by closely observing nature when the water lily plants in his pond started dying. After cleaning out the dead plants, all that remained were a few sad patches of lily plants. A few weeks later, he observed that the remaining patches had grown more rapidly. He was amazed by the speed of regrowth, and it led him to consider how the appropriate environment can enhance tissue growth, healing, and remodeling.

Dr. Geert Schmid-Schönbein has described how Fung influenced him and his work on autodigestion:

"Typical for those early times in bioengineering, there were many unknowns about the lung, the airways or the mechanical properties of living tissues. The analysis we were developing had to include some assumptions whose validity was by no means confirmed. Professor Fung kept reminding us that while even the most advanced analysis and physical model inevitably needs to be associated with some assumptions and simplifications, the most important requirement is that the FIRST assumption introduced in the analysis has to be correct. He argued vigorously that as long as the first assumption is correct, later simplifications can be acceptable, especially if in the second round of an analysis they can be relaxed and improved. This was by no means obvious to a group of young and inexperienced graduate students, ready to make all kinds of assumptions, but it stayed with me ever since.

Nowhere has this played a more important role than in our current work on autodigestion in disease and mortality. The body of evidence that human disease and aging is associated with the process of inflammation has raised important questions about its origin and cause. Most investigators will point to known processes like infections, trauma, burns, etc., each of which is based on a 'first' and basic assumption and thereafter leads to a specific analysis and eventually to a response in patients. I questioned this first assumption in spite of its popularity in medicine and our work now indicates there may be another cause of inflammation due to autodigestion by one's own digestive enzymes. The very first assumption we now make is different than any other proposed in the past. The importance of this first step, as Professor Fung taught us, is most profound and will determine everything that follows. In hindsight this is an obvious matter in scientific analysis even though often ignored. I am forever grateful to Professor Fung that he sensitized us to this issue at a young age."

III.1 Microcirculation

Fung's objective in studying microcirculation was to determine its structure and constitutive properties so that biophysical problems could be analyzed with mathematical precision. He tackled the problem at multiple fronts: red blood cells, capillary blood vessels and flow.

His mentor in aeronautical engineering, Dr. Sechler, always maintained that "when you design an airplane, you must think like one." Fung followed that advice in understanding microcirculation and realized that "decisions" by individual red cells control the whole phenomenon of microcirculation. A red cell is pushed around and crowded by its neighbors in the tunnels in which it moves. The cell wants to know its own flexibility in light of the crowds, and how its fellow travelers act, and the hardness, friction and leakage of vessels will impact its movement. The cell wants to know how oxygen and nutrients are delivered and how CO_2 and other wastes are removed. Like any living thing, the cell wants to know how to function in the organ it is in and what to do if something goes wrong. In thinking like a red cell, i.e., putting himself close to the real environment, Fung saw things that are obvious and not so obvious. He evolved our thinking.

Red Blood Cells In microcirculation, the structural and mechanical properties of the individual red blood cell are very important. A red blood cell appears as a biconcave disk under the microscope, swells into a sphere in hypotonic solution, and deforms severely in capillaries. One needs to know the size of red cells, their interaction with the endothelial cells, and mass transportation across the blood vessel boundary into and from the surrounding tissue.

Based on continuum mechanics principles, Fung concluded that the red cell is flexible, with a liquid interior and a low pressure difference across the cell membrane. The biconcave shape enables a red cell to have large deformation without inducing much stress in its membrane. This deformation in microcirculation does involve membrane stretching but is generally small, even near the sharp trailing edge of the cell. The sphering of the red cell in hypotonic solution permits the estimation of the isotropic properties of the cell membrane. This demonstrated that many microcirculation features can be uncovered through continuum mechanics analysis.

The exact determination of red cell geometry is difficult. Fung and his colleagues were among the first to use interferometric (physical optics) methods to analyze the holographic images of red cells (geometric optics does not apply to a small object like a red cell) and determined the size distribution of the diameter, surface area, and volume to an accuracy of 0.2 μm in linear dimension. The data are critical in model testing and analysis in microcirculation.

Capillary Blood Vessels As a part of microcirculation research, Fung and his colleagues studied the mechanical characteristics of capillary walls. In the mid 1960s the evidence suggested that capillary blood vessels in mesentery behaved almost like rigid tubes *in vivo*. Even though the distensibility of blood vessels is important to the pressure-flow relationship, because of the inaccessibility and the difficulty of conventional measurement techniques, little work had been focused on the capillaries. Examining capillary ultrastructure, Fung saw that the capillaries are embedded in connective tissues. He conducted a detailed analysis to conclude that the rigidity of the capillary vessel is largely from its surrounding tissue. He introduced the "tunnel-in-gel" concept that satisfactorily explains the apparent high rigidity.

The pulmonary capillary is very different. In the early 1960s, the capillary network in the lung was idealized as short circular cylindrical tubes arranged in a hexagonal pattern. Such a configuration is far different from that of direct observation. Fung and Dr. Sidney Sobin examined photomicrographs of the vascular space in the lung and saw that the capillary blood vessels in the pulmonary alveoli are relatively short and closely knitted, and connect to the arterial and venous trees. There appeared to be bits of tissue like "posts" scattered throughout the entire sheet area.

They coined the name "sheet flow" to describe the pulmonary capillary blood stream and derived a beautifully simple fourth order relationship between the fluid flow rate in a pulmonary capillary and the arterial and venous pressure. The predictions by the sheet flow model for blood flow and arterial pressure, alveolar blood volume, regional differences and transit time distribution are in agreement with experimental evidence in the literature. The sheet flow theory also showed the non-linear flow effects on the alveolar and venous pressures, the alveolar area, the mean path length between arterioles and venules, and the elastic and surface tension in the alveolar membrane. The sheet flow theory represented a major advance in the quantitative understanding of many variables of capillary blood flow in the lung.

Fung and Sobin also embarked on a program to elucidate the ultrastructure of the pulmonary alveoli. Using catalyzed silicone rubber injection under controlled inflation and perfusion pressures to create a model of the capillary tree, they derived the theoretical relationship between the sheet thickness, transmural pressure and tissue stress based on the known geometrical and material properties and found a linear relationship between the mean alveolar sheet thickness and the capillary alveolar pressure. The distribution of collagen fibers and structure of the "posts" were also determined and they proposed a theory of elasticity of lung parenchyma based on the ultrastructure. The theory allowed for better understanding of the regional interdependence, expiratory flow limitation, emphysema and more.

Flow Fung and his students examined blood flow in narrow capillaries with diameters about the same as that of the blood cell. They found that the red cell tends to flow into the faster branch at a branching point of a capillary networks, thus explaining non-uniformity in hematocrit in the capillaries. This finding allowed them to use the phenomenon as a quantitative tool to determine the hematocrit distribution in blood vessels. They also studied other fluid problems, including entry effects, plug effect of the red cells, bolus flow, vessel peristalsis, wall permeation and vessels with local constrictions. For bolus flow, they found that the gap between cells and endothelium is of great significance and that the resistance increases only slightly at higher hematocrit levels. They determined the pressure distribution on the wall of a capillary blood vessel as red cells pass by, the relationship between apparent viscosity and hematocrit, and the shear force acting on the endothelium from a white blood cell rolling by on the wall of the venule.

For flow in the pulmonary alveolar sheet, the blood cell distribution reflects the velocity field with faster channels having more red cells. Fung and his colleagues designed model tests to study the complicated flow in the alveolar septum. They measured the apparent viscosity of the blood with increased hematocrit and made numerous hemodynamic predictions such as pressure-flow relationship, transit time in an alveolar septum and in the whole lung, blood volume distribution as a function of pulmonary arterial and venous pressures, impedance of the blood vessels, water volume in extravascular space and regional distribution of flow. One longstanding issue they resolved was collapse of vessels at the venular side of the pulmonary microcirculation hypothesized to exist. Fung and his team showed that at these sites microvessels are tethered to surrounding tissues and prevented from collapse under a negative transmural pressure.

Other issues examined included the Starling mechanism of filtration and the issues of recruitment versus distensibility of capillaries. From these analyses they verified that the pressure-flow relationship is linear and that blood vessels remain smooth as blood pressure increases. They also obtained results concerning red cell distribution, tissue stress, alveolar blood volume, and transmural pressure in agreement with their experiments. They showed that, whereas the model flutters at a large Reynolds number, the flow in the pulmonary alveolar septa, having a small Reynolds number in the range of 10^{-2} to 10^{-4}, is stable and does not flutter. The study provides a quantitative understanding of a large number of variables.

In the study of the fluid moving into the porous wall and back to the blood, they showed that at physiological condition the fluid movement into the interstitial space is very slow compared with the blood movement in the capillary vessels. That prediction is consistent with clinical measurements. They went on to further identify how the capillary networks are supplied and drained with blood and determine the hemodynamics of the lung. The movement and accumulation of fluid in the tissue is important because any abnormal accumulation of fluid in the lung is a pathological condition of edema.

This pulmonary capillary network makes the blood vessels in the lung remain smooth as the blood pressure fluctuates as observed in nature. Using the capillary network and the work on multi-dimensional constitutive equations of the lung parenchyma, Fung predicted the mechanical behaviors of healthy lungs, and of those with parenchyma diseases under gravity and during lung inflation; and the stresses in the parenchyma, blood vessels and bronchi. Such knowledge furthers the understanding of the hemodynamics of the lung and has led to improved treatment of edema and lung injuries.

In studying flow in blood vessels, Fung found high stress concentration at the branching points of blood vessels, which can lead to atherosclerosis. His analysis also showed that turbulent flow can turn stress concentration off and on, causing stress fluctuation in the cell membrane and cell nucleus. This affects the stress distribution in the endothelium cells of the lung, which can potentially influence thrombus formation, inflammation, leukocytes activation, or cancer cell adhesion.

Fung put microcirculation in the lung on a firm mathematical foundation, which allows us to rigorously investigate and quantitatively understand the complex system. This work marked the beginning of the era of rational mechanics of microcirculation. For his landmark contributions

Fung received the 1975 Eugene M. Landis Award from the Microcirculatory Society.

III.2 Constitutive Law

Fung always emphasized the importance of the stress/strain-history law in biomechanics. He said: "Biomechanics is built on constitutive equations." Early in his studies, he initiated a rigorous program on arteries, skin and other soft tissue. Fung and his research group, including Hyland Chen, Mike Yen, Jen-shih Lee, Gene Mead, and others were the first to vigorously pursue the measurement of the elasticity and morphometry of the pulmonary arteries and veins. They found elastic properties of these structures are nonlinear under uniaxial conditions. Fung first proposed an exponential stress-strain law to describe the nonlinearity, an idea that greatly simplified the mathematical description of the elastic response in soft biological tissues. It is known today as Fung's Law. He and Tong extended the law to isotropic two-dimensional cases in the form of strain-energy function and later generalized the law to cover anisotropic behavior by including the shear strain in the exponents of the energy function, and eventually to full three-dimensional cases.

The exponential form is widely accepted. One can derive analytically the tensorial stress-strain relationship from the stress-strain relation and *vice versa*. The law has general applications to different tissues for predicting their elastic mechanical behaviors. Fung also proposed a unified quasi-linear viscoelastic law to describe the creep, relaxation and hysteresis characteristics of nonlinear viscoelastic biomaterials. With the constitutive law and proper governing equations, he showed that biophysical problems can be analyzed with mathematical precision.

In studying the constitutive equation of blood vessels, most researchers treated the vessel wall as a homogeneous material. In the few experimental studies examining the layered structure of blood vessels, however, the wall was physically dissected and injured. Fung and colleagues determined the constitutive law of the vessels *in vitro* by bending tests, which introduced different strains in different wall layers, without dissection. They determined the elastic constants of the intima-media and adventitia layers in the nearly zero-stress state. They further combined the bending experiments with stretching to measure the incremental elastic moduli of the two layers. For *in vivo* measurements, Fung formulated a multi-layered shell theory of blood vessels. Based on the theory, he was able to devise six measurements to determine the *in vivo* elastic constants of the two separate layers. The theory and measurement methodologies advance the biomechanics of blood vessels.

Subsequently, systematic studies were carried out for multi-axial problems of blood vessels, lung parenchyma, skin, ureter, and heart muscle. The study of constitutive laws of the tissues of a variety of living organisms has since been carried out by many other researchers as well.

III.3 The Lung

Prior to Fung's work, the human lung was regarded as a collection of millions of bubbles independently connected to cylindrical tubes. Under surface tension, however, such a model would be inherently unstable so that small alveoli would empty into large ones. The lung would consist only of collapsed and hyper-inflated alveoli. Such a model is obviously not in agreement with any observations about lung tissue.

Instead, Fung proposed a geometric theory of the alveolar wall with alveolar ducts and their connection to pulmonary capillaries, arterioles and venules. He used the principle that all alveoli are space filling before they are ventilated, and suggested that the alveoli are tetrahaidecahedron (14-hedron) in shape. A 14-hedron connected to 14 identical polygons at each of the faces is called an order-2 polygon. To vent to the atmosphere for gas exchange, one or more walls of the alveoli are removed leaving a hole(s). Groups of these holes form the alveolar mouths, sacs and ducts. When all the walls of the central polyhedron are removed, all the surrounding alveoli can be ventilated. An order-2 polygon can be connected and ventilated to other order-2 polyhedra or to a bronchiole by removing one or more walls on its periphery to form alveolar ducts. The assemblage of polyhedra into alveolar ducts is non-unique, allowing a great variability in the geometry of the ductal tree and the heterogeneity of the alveolar structure. All alveoli are connected and both sides of each inter-alveolar septum are exposed to ventilated air. There is no problem of inherent instability.

Prior to Fung's work, the pressure-volume curve of the lung was accepted as a measure of its elastic behavior. However these one-degree-of-freedom data do not adequately predict the mechanical behaviors of the lung under conditions of distortion by gravity, the stressed parenchyma by diseases, and the pressures around blood vessels and bronchi during lung inflation. The constitutive equations of tissues like lung parenchyma, arteries and veins and their morphometric properties are needed for a complete mechanics analysis of the lung and the airway. Fung and his students conducted bi-axial loading and tri-axial tests of lung tissues and reduced the experimental data to a single exponential expression in the form of energy function. This was among the first systematic studies of the mechanical properties of lung tissues. The knowledge generated is essential to the further understanding of pulmonary statics and dynamics.

The tissue stresses in the lung are strain and strain rate dependent with hysteresis, creep and relaxation behavior. The thermodynamic argument for the existence of a strain-energy function no longer applies. However, after preconditioning, the stress-strain relation is derivable from a pseudo-strain energy function, one for loading and one for unloading. Fung and his research group showed that such strain energy functions have the exponential form. To validate the constitutive law, they carried out in vitro experiments to determine the constants and derived solutions to simple problems such as equilibrium in a lung inflated by uniform pressure, and the lung in the chest under the influence of gravity.

The constitutive law is of great importance to understand the effects of gravity, postural changes, lung surgery, and diseases such as emphysema and pneumothorax. Stress in the alveolar wall also affects the thickness and compliance of the alveolar sheet and, in turn, affects the blood flow and the ventilation-perfusion relationship.

Blood flow is an important aspect of biomechanics of the lung. To study the dynamics of blood flow in the whole lung and their different features at different scales of time and space, Fung and his group first proposed that, at the microvascular level, alveoli are supplied by multiple arterioles and drained by multiple venules like islands (the arteriolar regions) in an ocean (the venular regions). This leads to the morphological definition of average length of capillary blood vessels as a constant multiple of the sum of the average radius of the arterial islands and the average half-width of venous channels. This length is an important geometrical parameter affecting the pulmonary circulation.

They next examined the rheology of pulmonary circulation. Even though the blood itself is a non-Newtonian fluid, they found that the overall characteristics of the pressure-flow relationship are similar to that of Newtonian fluid with an "effective" coefficient of viscosity from experimental data. Also the diameters of the blood vessels of the arterial and venular trees of all orders and the thickness of the capillary sheets are approximately proportional to the pressure.

They modeled the pulmonary artery as an elastic chamber with peripheral blood vessels. The inflow from the heart is the sum of the fluid sent to the peripheral arterioles and the fluid that remains in the distended chamber. They established that flows in the pulmonary arterioles and venules can be approximated as Poiseuille's flow in rigid tubes with the flow rate proportional to the pressure gradient times the radius to the fourth power. Thus the flow rate varies with the difference of the fifth power of the tube radius at the entry section minus that at the exit section. Since the former is generally larger than the latter, they concluded that the flow rate is controlled by the entry radius (and pressure). They also found that the flow rate in the alveolar sheet is proportional to the difference of the fourth power of the sheet thickness at the arteriolar side minus that at the venular side.

Based on the features described above, using the "effective" coefficient of blood viscosity, accounting for the drop of pressure at the junctions of all consecutive orders of blood vessel trees, and summing up the flow through the successive generations of the vascular trees give a circuit for the circulation of the whole lung. With this rational mechanics model, Fung and colleagues studied the blood flow, the transport of water in lung tissue, the formation of edema, and the flow of gas in the airways, alveolar ducts and alveoli. The studies provide understanding of trauma due to a mechanical impact. An impact on the chest causes shock waves in the lung, flow separations, edema, and a perturbation of the respiratory system.

Lung Injuries Lung injury is the most frequent cause of death in a gun or bomb blast, an explosion, or an impact accident. In post-mortem examination of victims of such accidents, red marks are noted on the surface of the lung. The markings are often considered a sign of hemorrhage of the pulmonary capillary blood vessels. Fung showed that the marks, in fact, are signs of collapsed alveoli. Lungs with red markings were artificially re-respired for a period of time showing that most of the markings were removed. Fung examined the reflection wave in the lung due to impact. He hypothesized, since lung tissue is strong in compression, lung injuries are caused by the tensile stresses during wave propagation in the alveolar walls. This gives the explanation of reflection waves inducing injuries and provides an understanding of edema, hemorrhage, *etc.* caused by impact.

Baby's First Breaths Fung was probably the first to apply the principles of fluid mechanics to explain how a baby catches its first breaths. Prenatally, a baby's lung is liquid filled. The first breath and all subsequent ones are driven by the chest muscles and diaphragm. At the first breath, air enters the liquid-filled trachea. The negative pressure on the liquid side of the liquid-air interface and that from the chest muscle pulls the pleura to suck the air into the lung. Also, according to the generalized Bernoulli's equation, a far greater negative pressure from the motion of the liquid in the airway pushes the liquid to the periphery and out of the lung.

The first breath does not inflate all alveoli. At the end of inspiration, the breathing muscles relax and expiration begins. The surface tension pulls the gas out of the lung from the alveoli through alveolar ducts, bronchioles, etc. Some fluid rushes back into the small airways because of the surface tension.

Some small airways in the partially inflated lung may even collapse if not filled with surfactant to reduce fluid surface tension. At the end of expiration not all the inspired gas is driven out and part of the lung remains open. The next breath starts with a partially opened lung and the process repeats. In succession, the air-liquid interface moves further toward the periphery as more liquid is expelled. After a few breaths, all alveoli are inflated and breaths will involve only inspiring and expiring air in and out of the lung as in a normal adult.

The initial breaths are complicated and delicate. With the knowledge of how a baby catches its first breaths, the medical field can better understand why a newborn may encounter breathing problems and what could be done about it.

III.4 The Heart

Just like in the case of the pulmonary circulation, with his students Fung started a systematic study of the biomechanical foundation of coronary circulation. They reconstructed in meticulous detail the complete morphometry of the coronary artery tree, the capillary network, and venular system topology and developed statistically valid geometric models. They determined the elastic properties of coronary capillaries and used them to predict mean and dispersion profiles of pressure and flowrates and their meaning in different orders of the coronary vasculature. They showed that the coronary bifurcation geometry is determined by a hypothesis of "equal shear stress" on the endothelium. They determined the coronary vascular adaptations occurring in ventricular hypertrophy, and showed for the first time that a reduced flow heterogeneity at bifurcations is present in this condition. This work was the starting point for a full biomechanical analysis of coronary blood flow, today the subject of extensive investigation due to its high medical significance.

Fung had many interests and contributions to coronary physiology. He was the first to explain the biomechanical mechanisms for closure of the large valves in the human ventricles by inertial forces. This work inspired Schmid-Schönbein to uncover the closure mechanisms by viscous forces of the tiny valves in the venules and lymphatics where there are no significant inertial forces. Fung proposed and used for the first time a method to determine the mechanical strain distribution throughout the thickness of the ventricular wall, an elegant technique which can identify the lack of muscle contraction in local regions of the heart in patients before damage to the heart has advanced to the point of a blood pressure reduction.

Fung and his colleagues also measured residual strain in the heart, established the constitutive laws of heart muscle, and more.

III.5 Tissue Engineering

It was in a bioengineering faculty meeting at UCSD in 1986, while talking about the idea to engineer new skin etc., that the term "tissue engineering" came up. Fung immediately took up the term and championed the new direction, in which the principles and methods of engineering and life sciences are integrated to deal with problems related to genes, cells and molecular biology on the one hand, and organ physiology and holistic medicine on the other. Tissue deforms, grows and atrophies under physical forces in a living fashion. The new discipline focuses on tissue growth, healing and remodeling. Its aims are to understand the structure-function relationships of normal and pathological tissues and also to develop biological substitutes to restore, maintain, and improve tissue functions.

At the time, mathematical models showed a much higher circumferential tension at the inner wall than that at the outer wall of blood vessels and ventricles, leading to an unrealistic high stress in endothelial cells. The result was based on the assumption that the unloaded ventricle or blood vessels (when the blood pressure is zero) are at the zero stress state (which would be seen when the vessel wall is sectioned open). Fung questioned the assumption and, with his students, demonstrated the existence of residual stress in the aorta by cutting radially a short segment of free aorta ring. The ring opens up into a stress free sector. The opening angle can be used to quantify the residual stress. Re-analysis of the blood vessels taking into consideration the residual stress resolves the stress concentration problem on the endothelium and predicts fairly uniform stress throughout the wall of an artery.

This led to the idea of using the non-uniform residual strain distribution through the thickness of the vascular vessel wall to quantitatively study the remodeling of the vessels. Fung and his students determined the remodeling of aorta, pulmonary vessels and micro-vessels due to hypertension from the change of opening angle. They found that the opening angle is larger in curved and thicker vessels in the arteries, veins, esophagus, small intestines and trachea of various species; that remodeling occurs within hours of environmental changes; and that the effects of cigarette smoking and diabetes on remodeling are significant.

Fung conjectured that the residual stress distributed in living organs makes the stress in the organs nearly uniform under normal operating condition, and called this the uniform stress rule. The rule was verified by studying the opening angle under hypertension. The uniform stress rule is only a phenomenological statement. He further proposed a stress (or strain)-growth law in mathematical form. However, much work is needed to prove the mathematical form.

Fung and his colleagues also correlated gene expression with blood vessel remodeling under hypotension. The correlation coefficients between the indicial functions of various structural and mechanical parameters and gene expression were calculated to quantitatively assess the genes most relevant to cell growth. As gene expression controls protein production, the correlation with mechanical stress points a way to study how mechanics promotes cell responses during growth, differentiation and tissue remodeling. This research impacts tissue engineering, stem cell and gene therapy, drug discovery and human health.

More recently, Fung turned to a new vision, genomic biomechanics, to link gene expression, protein function, and cell behavior to tissue, organ and continuum function. Genomic biomechanics will be the most relevant and intricate field of research for years to come, greatly expanding classical mechanics.

Remodeling and tissue growth under stresses are essential to tissue engineering. Fung's research opened new paths for others to follow. The remodeling of the zero-stress state in response to physical and chemical stimuli is now being studied by many researchers in the US and abroad. The tissue engineering activities have developed into a new integrative research theme at UCSD Bioengineering, and also have become the focus of bioengineering efforts in nearly all the major universities and biomedical industries in the world.

Fung has improved the understanding of normal and pathophysiology of organisms at molecular, cellular, and organ levels. His work has helped develop medical diagnostic and treatment procedures; guided the design and manufacturing of prosthesis and instruments; suggested means for improving human performance in the workplace, sports and space; and made us understand trauma in war and in peace. In the end, his work will help improve human health and quality of life. His contributions to biomechanics have been recognized by his peers, community, nation and the world. He has profoundly influenced many in the biomechanics community and mechanics.

Fung became Professor Emeritus of Bioengineering at UCSD in 1991. He continued his research work through the early 2000s, publishing papers, participating in technical conferences, advising Ph. D students, and even contributing to a freshman course on "Perspectives of Biomechanics".

IV. Work in Taiwan and China

Fung became a member of the Academia Sinica in Taiwan in 1966. His first visit to Taiwan was in 1969. He has collaborated with and trained many scientists and engineers in institutions including the Academia Sinica, National Health Research Institute, National Taiwan University (NTU), National Cheng Kung University, among others, acting as a member of the Advisory Committees for these institutions. Many of those he trained are now leaders in biomechanics. He played a key role in establishing the Applied Mechanics Institute at NTU, now a center of excellence in the field in Taiwan.

In 1973 Fung returned to China after an absence of 28 years. He headed a delegation of Chinese scientists and engineers from across the US, one of the first such trips after the reopening of US-China relations under President

Nixon. Subsequently he visited China sixteen times, helping to establish many bioengineering programs and strengthening Chinese interaction with international biomechanics communities. He gave numerous lectures on biomechanics. Almost all attendees of his early lectures became the backbone of the first generation work force in biomechanics in China.

V. Contributions to Society

Fung has written twelve books, edited seven and contributed to five more. He has published over three hundred technical papers on aeronautics and biomedical topics in premiere journals. Nearly all are unique and make substantial contributions to whichever discipline is being discussed.

In addition to his research contributions, he has provided leadership to the technical communities, especially in biomechanics. He was a founder or cofounder of a number of major organizations leading and promoting research and development in biomechanics. In 1973, Fung and colleagues established the Biomechanics Symposium and in 1990 spear-headed the World Congress of Biomechanics. Now both are major international forums for researchers to present and discuss their study results and planned research. He also orchestrated the US National Committee on Biomechanics. He has served as editor, council, chairman, vice president or president of many technical societies. He founded the *Journal of Biomechanical Engineering* and is the honorary editor of the *International Journal of Molecular and Cellular Biomechanics*.

In July 1971, Fung and colleagues received a Bioengineering Training Grant from the National Heart Lung and Blood Institute, NIH, naming Fung as the Program Director (succeeded by Dr. Shu Chien in 1989) in collaboration with Dr. Eugene Bernstein of the UCSD Department of Surgery. The training program is still active today. These grants are key factors for the success of predoctoral and postdoctoral training in cardiovascular bioengineering at UCSD. Trainees are making important contributions to cardiovascular science.

Fung has said that one of his most important contributions to UCSD was the recruitment of Dr. Shu Chien, who like him is a recipient of the US National Medal of Science, and member of the most prestigious institutions in the US and China. In 1986, when Fung and Zweifach were about to retire, they approached Chien, who was at Columbia University at the time, to continue the top notch leadership of the Bioengineering Program. It was not until 1988 that Chien moved to San Diego. In 1994 Chien and colleagues, with Fung's support, established the Bioengineering Department at UCSD, which is now a top ranking bioengineering program in the Nation and the world.

Fung's role in founding the Bioengineering Program at UCSD has helped to educate the best and brightest in the field. Ph.D students and postdoctoral fellows of the program hold key faculty positions in universities, influential positions in hospitals and in industry in the United States and abroad.

VI. Awards and Recognitions

For his exceptional, pioneering contributions and accomplishments, Fung has received many awards and recognitions. To name a few, they include: the Eugene Landis Award from the Microcirculatory Society (1975), the Theodore von Kármán Medal from the American Society of Civil

Pic. 3 Received the National Medal of Science from President Bill Clinton in the White House in 2000.

Engineers (1976), the Lissner Award (1978), Centennial Medal of the American Society of Mechanical Engineers (ASME) (1981), Worcestor Reed Warner Medal (1984), Timoshenko Medal (1991) and Melville Medal (1994) from ASME, the Poiseuille Medal from the International Society of Biorheology (1986), the Borrelli Award from the American Society of Biomechanics (1992), and the National Academy of Engineering (NAE) Founders Award (1998) and Fritz J. & Dolores H. Russ Prize (2007). The stream of awards culminated in the President's National Medal of Science (2000), the highest scientific honor bestowed by the US, which was presented personally by President Bill Clinton (Pic. 3) in the White House.

Fung was elected to the NAE in 1979, the Institute of Medicine (senior member) of the National Academy of Sciences (NAS) in 1991, the NAS in 1992, Academia Sinica of the Republic of China in 1966, the Chinese Academy of Science (foreign member) in 1994, and many more. He has been named Honorary Professor by almost every major university in China and awarded Doctor of Honora Causa by universities from Hong Kong, Taiwan and the USA. In tribute to his dedication to young researchers, Young Investigator Awards were established in his name by ASME in 1986 and the Chinese Association of Biorheology and Chinese Society of Biophysics in 1995. In 2012, the International Astronomical Union named an asteroid after him, "210434 Fungyuancheng," located 225 million miles from the Earth, a rare honor for scientists. He was nominated for this honor by Professor Wing-Huen Ip of National Central University in Taiwan.

In 2008, a Symposium on *Molecular and Cellular Biomechanics: In honor of the 90th Birthday of Professor Yuan-Cheng Fung*, was held at UCSD. The symposium proceedings, edited by Tong and S. Atluri, were published as a book with the same title by Tech Science Press.

UCSD dedicated the Powell-Focht Bioengineering Hall auditorium as the "Y. C. Fung Auditorium" in his honor in 2002. As a place where bioengineering and other technical seminars are held, scientific advances are reported and inspiring thoughts are debated, it is well-suited to exemplify Fung's life and contributions.

The Auditorium was made possible by a generous challenge donation by Dr. and Mrs. Ernie Huang. It happened when Dr. and Mrs. Chien were sitting next to the Huangs at an event celebrating the winning of the Whitaker Foundation Leadership Award by the Bioengineering Program at UCSD. Chien told Huang of the outstanding contributions of Fung and raised the possibility of naming the auditorium in honor of him. A week later, the Huangs generously offered to pay for one-half of the cost of upgrading the auditorium.

Applying his physical insights and theoretical experimental expertise in continuum mechanics and physiology, Fung has contributed significantly to both aeronautics and biomechanics. What inspires, drives and guides his passion in his work is the axiom, "seek, and you shall find," and whether the objective is to understand the structure and function of flight vehicles or of living organs in mathematical terms, he sticks to it and solves many important problems as initial or boundary-value problems.

In addition to his hard work and keen intelligence, another key to his success is his extraordinary memory. I once asked how he assures the consistency of cross-referencing the equations and references in his books and papers. "I remember every citation of equations and references in the text," he replied.

Daughter Brenda described the working habit that heightened his creativity. She said that her dad got up in the middle of the night for the 2-o'clock AM infant feedings – and thus created a life-long habit of working for a few hours in the middle of the night, with sleep periods on either end. The cat-napping through the day and night kept his mind clear and enhanced his efficiency and productivity.

With his many accomplishments, awards and accolades fall upon Yuan-Cheng Fung like warm rains in the spring. In his typical modest way, he looks forward to new discoveries instead of focusing on past glories. "The awards are recognition by colleagues that my brain is not dead yet," he says. "I know the day will come that one will lose all capability. I have no time to waste but to work hard[7]."

---

7 1994 Yuan-Cheng's letter to his sister-in-law Wang Shou-Zhen

VII. A Teacher and A Gentle Man

Yuan-Cheng likes to be close to students. Once at school, he spends almost all his time with students, guides their research, discusses their problems and/or participates in their experiments. He likes to teach freshmen, because it is important to mold the young mind early. This also gives young faculty more time to teach their specialized subjects and to do their research. This is one way he shares his time with others.

For decades, through teaching, writing and/or direct conversation, he has persistently steered our thought, inspired us and conveyed to us new knowledge. His clear and precise writings have taught us in an easily understandable manner. To put it simply, Yuan-Cheng is a great teacher. In 1968, he provided clear and forward-looking advice[8]:

"...to a modern worker, it appears that much of the work has to begin from the very beginning. To an analytical mechanist, the most serious frustration lies in the dearth of information about the material properties, i.e., the stress-strain history laws of living tissue. Without the constitutive law, no analysis can be done. On the other hand, without the solution of boundary value problems, the constitutive laws cannot be determined. Thus, we are in a situation in which serious analyses (usually quite difficult because of non-linearity) have to be done for hypothetical materials in the hope that experiments will yield the desired agreement. If no agreement is obtained, new analyses based on a

---

8 Biomechanics: Its scope, history, and some problems of continuum mechanics in physiology, Appl. Mech. Rev., 21: 1-20, 1968.

different starting point would be necessary."

Yuan-Cheng had the benefit of learning from many outstanding teachers such as Yu-Sang Huang[9] and Shih-I Pai[10] of the NCU, and E. E. Sechler[11] of Caltech. He has stood on their shoulders.

Robert Nerem in a foreword to Fung's 1997 *Selected Works on Biomechanics and Aeroelasticity*, wrote: "Fung also epitomizes the concept of being 'a gentleman and a scholar' for he surely is a gentle man. It is in fact this gentleness which underlies his greatness, for this has allowed him to be the mentor and role model which he is. He has taught us that research is a collegial activity, not a competition, but an endeavor in which by working together, by sharing ideas, by making constructive suggestions to others, and by graciously receiving such input from others, we all benefit and the entire field moves forward."

In reminiscences at his parents' 50th anniversary celebration, Conrad described his father's personal generosity: how his father was once "...offered a lucrative invitation to do some consulting - but turned it down, saying 'Everything I know is already in the literature.' That's sharing. Academics is the only kind of career that allows you to build continuously AND to share your work." Conrad also talked about his father's teaching by example: "When I was very small I was carrying a big 78 rpm album of Schubert songs,

---

9 Huang received his Ph.D. from Stanford at age 23. He led Chinese engineering education and structural research in China for decades.

10 Pai got his Ph.D. from Caltech. His thesis on turbulence was written and accepted by Theodore von Kármán in one year, a record never matched by anyone else!

11 Sechler was well-known for light structure design. One of his famous works was the revolving dome that houses the 200-inch telescope at the Palomar Observatory, the world's largest at the time. The dome is so light and well balanced that a one-horsepower motor can rotate both the dome and the giant telescope together to scan the universe.

and one of the records dropped from the sleeve and broke into pieces. Daddy immediately converted that disaster to a study of the grooves under a microscope. And that became a lesson."

A loud and jolly laugh is Y.C.'s trademark. He appreciates people and things no matter how plain. Perhaps his wife Luna described him best at their 40th anniversary celebration:

"He laughs frequently and heartily. He loves deeply. He loves his family. He loves his friends. He lives simply. He does not demand anything. He does not compete with anyone, and never tries to keep up with the Jones."

He has benefited from his partnership with and the love of Luna.

Yuan-Cheng is a charming person. His interests are broad. He is an inspiring conversationalist, has a quick sense of humor, and has that unusual facility of being genuinely interested in what other people do and say. His life time advice is: "Easy to Do, Hard to Know," to make a choice and commit to it. He leads people by example. Such a personality coupled with a first class knowledge of science and engineering make him an excellent teacher and role model.

Shu Chien[12] called Yuan-Cheng a Renaissance Man:

"Dr. Fung has a wonderful marriage with his lovely wife Luna and they love their children Conrad and Brenda and their families. He enjoys

---

12 "Y.C. Fung and Biomechanics: From Organs-Systems to Molecules-Genes," Shu Chien in *Tributes to Yuan-Cheng Fung on His 90th Birthday*, Chien, S.; Chen, P.C.Y.; Schmid-Schönbein, G.W.; Tong, P., and Woo, S.L.Y., eds., World Scientific Publishers, 2009.

being with long-time friends and with young people. Dr. Fung is not only a superb scientist and engineer, he is also a wonderful artist. He has excellent commands in calligraphy and poetry, and he has great talents in making Chinese chops (or seals, usually for people's names). Thus, Dr. Fung excels in Science, Engineering, and Art. He is a renaissance man, a peer of Leonardo Da Vinci."

VIII. Yuan-Cheng's Youth and Journey to the US – In His Own Words

At the age of 89, Yuan-Cheng started to chronicle his earlier years. Here are some of his own words about how he grew up in China and about his journey to the US:

"Here is a brief record of my time and my life:

VIII.1 Name and Birth Place

Let me begin with my name: 馮元楨, Yuan-Cheng Bertram Fung. Fung is my last name. In current Chinese calligraphy, Fung is 馮. In ancient Chinese calligraphy, Fung is 馮. Etymologically it means a pair of horses. My grandfather named me Yuan-Cheng because when he examined my astrology, he found me short on wood among the five elements of nature. So he chose the word 楨 (Cheng) as my name. Etymologically it means a beam or column of wood. On carvings of the stone age or bronze age utensil relics, the left half of the word "Cheng" is 木 (木), a picture of a tree; the right half is 貞, a picture of a vase. My grandfather

Pic. 4 Parents of Yuan-Cheng Fung: Father (馮曜) and Mother (胡璉)

added the modifier 元 (Yuan) which means "the first", "the big", or "the elementary." My grandfather did seem to foresee my involvement with mechanics. Beams and columns are transmitters of forces and moments, keepers of the shape of structures. Beams and columns and structures in general are the objects I study. I am interested in airplanes, in man and in animals, their motion, strength and growth. I picked my middle name, Bertram, myself when I was in middle school. I found in a dictionary that Bertram means "courage to speak out," which is just what I wanted.

I was born in Yuxiang (余巷), a village halfway between the cities of Changzhou (常州) and Wuxi (無錫) in the Jiangsu Province of China. My home was not far from the Grand Canal (大運河) and the Nanjing-Shanghai and the Tianjin-Nanjing Railroads (京滬鐵路和津浦鐵路), and was about 25 miles south of the banks of the Yangtze River (長江), generally known as a land of rice and mulberries and rivers....

My father's name is Yao Fung (馮曜), but he was better known by his middle name Chung-Kwang (重光). He was born on November 18, 1894. My mother's name was Lian Hu (胡璉); born on October 22,

1896. My mother was the second born in the Hu family.... I met the entire family in China when I returned to my old home in Yuxiang in 1973 after an absence of 36 years. (Pic. 4)

VIII.2 Middle School Days

On January 28, 1932, Japanese troops entered Shanghai and occupied some areas. Shanghai is only about 100 miles from my home town. My father moved our family to Beijing.... In December, 1932, Japan attacked a city north of Beijing. Father took us back to Yuxiang!

.... From August 1934 to June 1937, I attended the Suzhou Senior Middle School in Suzhou,... I appreciated my teachers. My teacher of Chinese language, Shou Cheng Wu (伍受真), became a university professor, and later also became a famous columnist in Taiwan, and an author of a dozen books. My biology teacher, Yuan Di Wu (吳元滌), wrote a textbook which became a standard in China. My math teacher, Kang Shen Wang (王剛森) and my chemistry teacher, Xuanying Pu (濮玄因) induced my interests to these subjects. But the truly important event in my life was meeting my friend, Chia-Shun Yih (易家訓) (Pic.

Pic. 5 Three giants in mechanics (from left) Shan-Fu Shen (aerodynamics), Chia-Shun Yih (fluid mechanics) and Fung (biomechanics).

5), in the Senior Middle School. We studied hard together on our own, reading books like Hall's Algebra, Brinkley's Theoretical Chemistry, and Duff's Physics.

VIII.3 Entering College

In the summer of 1937, my age 18, I went to Shanghai to take the college entrance examination of NCU in Nanjing. On the wall at the place to file my application form, I saw an announcement that NCU was initiating a new department of aeronautical engineering. I signed up for that because the Japanese airplanes were buzzing overhead, and I wanted to do something.

On July 7, 1937, Japan created an incident at the Lu Kuo Bridge (盧溝橋) southwest of Beijing, and moved its army into China. On August 13, 1937, while I was taking the college entrance examination of NCU in Shanghai, an officer announced that the Sino-Japan situation was worsening, and the railroad trains had gone out of service. "You had better go home by foot." I did.

A few weeks later, I received a letter of acceptance from NCU in Nanjing. I was advised that the University was moving to the city of Chongqing in Sichuan Province, where I should go to report. Chongqing is 1500 miles away, up the Yangtze River. My parents decided that I should go, and sent me on the way. I took a train to Nanjing, a boat from Nanjing to Hankou, stayed at the home of a classmate for a week, then got on a steamer to go up the Yangtze River, through the famous Three Gorges. I was excited by the scenery, stayed on the front deck of the boat all the way. Remembering my father's paintings, I made many sketches. I enjoyed the three gorges' persimmons, plump, shiny, and perfect, yet so affordable!

Arriving at the mountain city of Chongqing, I climbed the thousand steps to the busy city streets, caught a bus to go to the temporary campus of NCU. I found it on a hill on the right bank of the Jialing River. In late October, at a distance, the Jialing River looked like a beautiful blue ribbon. Jialing is a river many hundreds of miles long, with origin in Gansu Province in the north, winding down in the mountains of the northeastern Sichuan Province, and drains into the Yangtze River in Chongqing.

The wartime NCU was built on land rented from the Provincial Chongqing University which has palatial buildings. Our buildings, however, were of mud walls with thatched straw roofs. Our dormitories were like the third class cabins of the Yangtze River boats: double decker beds with 2-feet space between rows. No hot water in the shower room. It was said that the whole NCU campus was constructed in 40 days.

VIII.4 National Central University Years

Our classes in the transplanted University began on December 1, 1937. As a freshman, I had Professor Hongjing Chou (周鴻經) for calculus, Professor Hantsing Yuan (袁蘭青) for chemistry, Shiyuan Shi (施士元) for physics, Dayin Yu (俞大絪) for English, Xuān Shi (史宣) for projective geometry. They were all excellent. Laboratory courses were offered also. The university administration must be given credit to have packed and shipped all laboratory instruments and supplies with care and far-sightedness.

In my sophomore year, I took courses offered in applied mechanics, mechanics of materials, differential equations, metallography, empirical design, mechanisms, economics, and German.

In the spring of 1939, in my sophomore year, the Japanese began bombing Chongqing and continued throughout the war until 1945. Hence my college days were dominated by air raids. Our campus was hit a few times. The biggest tragedy in Chongqing occurred in 1939 when over 5000 people died by hypoxia in a dugout in the city because the entrance was blocked and there was no ventilation. Our university used the natural rocky caves on the banks of the Jialing River as our dugouts. These caves are shallow and open. In fact, looking out from these caves, the scenery was quite beautiful.

The air raids, bombing, caves, clouds, and the Jialing River could not but create a new culture of life of the students. It changed etiquette. It shifted athletic activities toward the later part of the day. It moved expensive instruments and laboratories underground. It forced professors to economize their laboratory resources and to interact with students in a new way. With young men and women confined by the caves with the old folks and children, all knew that they were forced there by the Japanese, and a special culture of humanitarianism developed.

In my junior year, July 1939 - June 1940, our department was divided into two sections: structures and engines. Each group was given a special classroom. Many students slept on the desks in the classroom at night to avoid the bed bugs in the dormitory. Classes were often held at dawn at 5:00 AM, till 9:30 or 10:00 AM when the air raid siren would sound.

In my senior year (July 1940 - June 1941), we got four outstanding young professors just returned from the USA and UK: Shih-I Pai (柏實

義), Yusan Huang (黃玉珊), Danko Li (李登科), and Tsang Chang (張創). They gave lectures far better than our textbooks such as Niles and Newell's Airplane Structures, Warner's Aerodynamics, Pye's Internal Combustion Engines. For the first time we tasted modern scientific approach to engineering. They demonstrated the beauty of clear derivation from first principles. They taught us the economy of rational approach, as compared to the old style empirical collection of information. The contributions of these young professors and others like them to the Chinese engineering education were tremendous.

I received my B.S. degree in 1941. My graduating class had 38 aeronautical engineering students; 18 became professors at colleges, and 20 went into the aeronautical industry. Many became prominent. One, Xiàopeng Loh (陸孝朋), designed the first Chinese supersonic fighter airplane. Another, Yuanjiǔ Loh (陸元九), was the instrumentation chief of a generation of Chinese spacecraft.

After graduation, I wished to have a lot of freedom and learn more. I enrolled in the graduate school of NCU. To earn a living salary, I taught at a middle level Da Kung Technical School. At NCU, Professor Huang taught me the theory of elasticity. Professor Pai taught me fluid mechanics. I read the books of Timoshenko and Goodier, Prandtl and Tietjens, and Durand.

I audited a Math Analysis class taught by Professor Xuzhī Hu (胡旭之), and Differential Geometry taught by Professor Kwangyuan Sun (孫光遠). From Hu and Sun I learned the meaning of mathematical rigor. In June 1943, I earned a master's degree in engineering from NCU. My M.S. thesis was a mathematical study of the stability of low arches, structures used extensively in airplanes, ships, and buildings.

VIII.5 Work at Bureau of Aeronautical Research

Beginning in July, 1943, I went to work for the Bureau of Aeronautical Research in Chengdu, China. It was a beautiful place to live and work. The Bureau was headed by Tsu Wang (王助), a thin, tall, authoritative man. He had a big office with a semi-circular desk. Behind him hung a big photograph of him with William Boeing testing an airplane. So we learned that Wang and Boeing were classmates at MIT, and in 1925 they decided to make an airplane together. They went to Buffalo, NY to work on the planes. "The weather was so hot in the summer that we had to make drawings on design board with our feet planted in buckets of water to keep us cool." "In winter, it was very cold; the heating bill was excessive so we moved to Seattle, Washington."

I was assigned to the Design Section. Tsu Wang believed that an engineer must know how his or her design works in practice, so he insisted on putting our offices right in the work shop, on an open platform overlooking the shop below. With the buzz saw going, it could be 100 decibels most of the time. With that training, I often declare that I am not afraid of noise. Noise would not bother me even when I want to go to sleep.

My classmates Shan-Fu Shen (沈申甫), Kwangyu Yue (虞光裕) and Yongshu Kao (高永壽) worked with me in the same section. Our assignment was to help writing a design manual of airplanes. My assignment was the tail and aileron design. The key to the design of the control surfaces is the dynamics of the airplane. Soon I was studying the effects of bad weather, clouds, and storms on the flutter and divergence of the airplane wings and the diving, aerobatics, and the associated airplane dynamics. Later, this type of studies came to be known as the theory of aeroelasticity. Quickly I got acquainted with the writings of Robert Jones, Theodore Theodorsen, Maurice Biot, William Sears, Theodore von Kármán, and Hsueh Shen Tsien. I was also learning the methods of Laplace transformation, Fourier series, and conformal mapping. The *Journal of Aeronautical Science*, and the NACA TN and TM's became my daily fare.

Downstairs of our open office in the shop, a large wooden transport glider was built. This glider was to be towed by an airplane. Wood and bamboo were used extensively, so the experiments I did at NCU for my master's thesis work were precisely relevant.

VIII.6 End of Second World War - Heading West

On May 7, 1945, Germany surrendered to the Allies. On July 16, 1945, the first nuclear bomb exploded in Los Alamos. On August 6, 1945, the first nuclear bomb was dropped on Hiroshima. On August 9, 1945, a second nuclear bomb was dropped on Nagasaki. Japan surrendered on August 15, 1945 Japanese time. The Second World War ended. The 14-year Chinese resistance to Japanese invasion ended.

On August 17, 1945, I left China for America. Chia-Shun Yih and I took an American military transport flight from Chongqing to Calcutta, India. We arrived there toward evening. In the air, Calcutta appeared very bright and colorful in the evening light. Suddenly I realized that all houses do not have to be black as in China. The black was imposed on us by the Japanese air raids.

On December 1, 1945, we boarded a US army transport ship named the

General Hase in Bombay, India. The ship sailed through the Indian Ocean, to Aden, into the Red Sea, Suez Canal, Port Said, then the Mediterranean Sea, Gibraltar, North Atlantic Ocean, and finally arrived at New York on December 27th."

Yuan-Cheng first stepped onto American soil in the morning of December 29th, 1945.

After traveling almost three quarters around the earth for months and finally reporting to Caltech in January 1946, he was told that his scholarship had already been given to someone else because he had taken too long to arrive. To support himself, he worked as a research assistant under Professor Ernest E. Sechler, who later became his advisor. This early experience fueled his later generosity to many foreign graduate students like me when I arrived at Caltech with no money in 1962.

IX. Luna

Yuan-Cheng's college sweetheart Luna Hsien-Shih Yü came to join him in 1947 and after getting married they settled down in Pasadena and raised their children Conrad and Brenda. (Pic.6)

Luna is the fourth of six sisters. She received her BS degree from NCU in 1944 and MS degree from UCLA in Mathematics in 1950. She has taught English, Calculus and Geometry. She has done extensive volunteer work for the International Center and University Hospital at UCSD.

All Fung's books are filled with equations for every aspect of aeronautics, biomechanics and tissue engineering. It was Luna who proofread every one of those equations. Not too many life partners could do that!

Pic. 6 Bride and Groom in 1949.

Throughout the years of marriage, Luna has consistently and quietly remained in the background, contributing in important ways, sharing in the successes and the opportunities with patience and total respect for one another. As described by her daughter Brenda, Luna is known for being trustworthy, sensible, loyal and true, a good listener, a mediator, a tireless worker, an excellent cook, a quiet wit, a financial wizard, and many more features. She is a mathematician and teacher and essential editor. She is indeed the rock of the house.

At Yuan-Cheng and Luna's 50th wedding anniversary in 1999, Yuan-Cheng spoke at length about his courtship of Luna and their marriage:

"My meeting her was due to a lucky decision on my part. I decided after getting my B.S. degree to spend one more year at the school to get a Master's degree. As a graduate student I could spend most of my time on mathematics which I loved. It was in math classes that I became aware of a girl who became the world's most attractive person to me. But, how can I make acquaintance with her? I went to her classes. That turned out to be one of the best steps I took in my life.... In classrooms I watched her. But I still had no chance to socialize with her. At that time, China was not America, there was no such a thing as asking for a date. My big chance came in a circuitous way. I took a part time job of teaching in a middle level professional school, the Da-Kung Technical School to get a better room to live in. A roommate of mine happened to be teaching in the school Luna's father was running. That school was Nankai Middle School. My friend was a history teacher. It was summer time and somehow he had to leave town for a week. He asked me to substitute. So I bravely went to substitute. And as a substitute teacher I had to see Luna's father who had a policy to know everybody who was teaching his kids. That led to the first time I visited Luna at her home.

After some years we came to California. Then came a time when we wanted to be married. I must obtain Luna's father's consent. How could I write to her father requesting him to become my father-in-law? I wrote a letter to him to say that Luna was doing very well, but she worked too hard and ate very little. And I was concerned about her health. If she married me, I will guarantee that she will be reminded to take proper rest and food. Fortunately, he accepted my argument. And from that time on, even today, one of my major duties is to tell her to sleep and eat well....

Pic. 7 Luna wears the original wedding dress: (a) on her 30th wedding anniversary with daughter Brenda and son Conrad, and (b) on her 40th wedding anniversary with Yuan-Cheng.

We lived happily in Pasadena for twenty years, then came a time to move from Pasadena to La Jolla.... This was a hard decision to make. Luna was my real supporter in making the decision. All she said was: If that's what you want, let's go. That's how we got here.

In my eyes and in my heart, Luna has not changed very much in all these years. In the poster here, she is shown in her wedding gown at our wedding. At the corner of the poster she is shown wearing the same dress at our 30th anniversary. At the far right, she is shown wearing the same gown at our 40th anniversary. She could get into the same dress today if she wants to." (Pic. 7)

X. Life outside Academia

When Yuan-Cheng was a junior faculty member at Caltech, he and Luna lived in a community apartment house. Yao-Tsu Wu, a graduate student at the time who also lived in the same house, said that they had a grand time living there together, sharing great discussions on the humanities and philosophy, playing bridge and sometimes cooking together in the community kitchen. Yuan-Cheng often welcomed new students from China at the airport or train station and helped them settle down in the new country and navigate the initial maze of graduate study. Among them were Zhemin Zheng (鄭哲敏, famous explosives expert of China), Fēng Gàn Zhuāng (莊逢甘, top wind tunnel authority of China) and many more. Students loved him. Their dedication continued even when he was away. When he was on sabbatical, students started up his car every other week to charge the battery so it wouldn't die in his absence.

Yuan-Cheng and Luna bought a house in La Jolla just one block away from his office in Urey Hall on the UCSD campus so he could walk to work. Not long after, his office was moved to the other side of the campus. The new office was too far to walk to, so he had to drive to work. Human planning cannot beat nature's (人算不如天算)!

Their garden is filled with proof of Yuan-Cheng's botanical skills: a variety of flowers, fruits and plants. They had an uninvited guest – an egret – that discovered the goldfish in their water lily pond and helped itself to a feast. That one egret became two, two became three, and so forth. Generous as Y.C. and Luna are, they did not mind sharing a few fish with the egrets. However, they got tired of this – especially after the birds left gifts in the form of droppings all over the yard. Yuan-Cheng built a mesh cover for the pond (after all he is handy!). For a while, the egrets strolled back and forth and around the pond, trying to find a way in. Y.C. watched hidden behind a screen door, saying, "Buddy, *Ni kě yuǎn guān ér bùkě* xuě *wár*." (可遠觀而不可褻玩 meaning "Ok to watch from afar, but not touch.") Eventually, the egrets gave up and stopped coming.

Yuan-Cheng was never much of an athlete. His physical workout was the daily walk with colleagues during the week from his office to the cafeteria or to the faculty club for lunch. The distance is only about a quarter of a mile each way.

Pic. 8 Yuan-Cheng and Luna (2010).

Most of the time, they continued to talk shop during lunch. His typical meal was often a cheeseburger and French fries.

Yuan-Cheng and Luna's life has gradually become quieter after retirement. Conrad and Brenda live thousands of miles away but visit often, as do many friends and colleagues, including Siang Wen and me. They have help to take care of daily chores and are living a happy and carefree retirement life (Pic. 8).

XI. Epilogue

Yao-Tsu Wu (吳耀祖) said:

"In the study of aeroelasticity, a field that combines the two big fields of aerodynamics and elasticity, he went deeper, broader and grasped the essence in unsteady aerodynamics more thoroughly than most aerodynamicists. When he changed his interests, I noticed, for example, when he asked 'What is osmosis?' he would go to the library and submerge himself among piles of books and formulate his answer all by himself. In his writing, he often invented illustrative scenarios to stimulate the readers to think."

Yuan-Cheng Fung has had enormous impact on aeroelasticity, created the biomechanics landscape, and so much more. He is a husband, an artist, a teacher, an engineer and a scientist, and above all a friend who has given much of himself to all who have known him. He has mentored and helped launch the careers of many and has been a much-valued professional and personal role model.

Siang Wen and I are forever grateful for Yuan-Cheng and Luna's care and teaching. It is indeed my honor to write this biography and pay tribute to Yuan-Cheng and Luna with sincere thanks for our decades of friendship.

Appendix I Chronology of Events

September 15, 1919: Yuan-Cheng is born.

January 27, 1923: Luna is born.

September 18, 1931: Japan invades Manchuria, China.

January 28, 1932: Japanese troops enter Shanghai.

June, 1934: Graduates from Changzhou Junior Middle School.

August, 1934 to June, 1937: Attends Suzhou Senior Middle School and meets his life-long best friend Chia-Shun Yih.

July 7, 1937: The Lu Kuo Bridge (盧溝橋) Incident; Japanese invasion of China begins, lasting eight years.

August 13, 1937: Takes the college entrance examination of NCU in Shanghai.

1937 to 1945: Living in Chongqing with his parents and five siblings except his youngest sister.

December 1, 1937: Classes of NCU begin in Chongqing.

1939: Tragedy in Chongqing as over 5000 people die from hypoxia in a dugout in the city during a Japanese air raid.

July 1940 - June 1941: Four young professors from the U.S. and UK set up programs at NCU.

1941 and 1943: Receives BS and MS degrees in Aeronautics from NCU.

1943-1945: Works at the Bureau of Aeronautical Research in Chengdu.

1944: Selected through a nationwide examination held by the Chinese Ministry of Education to study in the US; publishes first paper on soaring and gliding in clouds.

August 15, 1945: Japan announces its surrender and World War II ends.

August 17, 1945: Departs China, flying from Chongqing to Calcutta, India with CS Yih.

December 1, 1945: Sails from Bombay through the Suez Canal to the U.S.

December 29, 1945: Steps on American soil in New York.

January 1946: Reports to Caltech in Pasadena, CA.

September 1947: Luna arrives in California.

1948: Receives his PhD in Aeronautics and Mathematics from Caltech and stays on as a faculty member at Caltech.

December 22, 1949: Marries Luna.

1955: Publishes his seminal textbook, *An Introduction to the Theory of Aeroelasticity*.

1958-1959: Sabbatical leave as a Guggenheim Fellow in Göttingen, Germany and Brussels, Belgium.

1959: Promoted to full professor at Caltech.

1960-1965: Shifts his work gradually to concentrate on biomechanics.

1965: Publishes the seminal text *Foundations of Solid Mechanics*.

1966: Elected a member of the Academia Sinica in Taiwan; joins UCSD to concentrate on biomechanics.

1973: Establishes biannual Biomechanics Symposium using ASME as the platform; returns to China after an absence of 28 years (an absence of 36 years from home, Yuxiang, Jiangsu).

1975–2007: Receives numerous awards including the Founders Award of the National Academy of Engineering (NAE) (1998), the U.S. President's National Medal of Science (2000), and the Fritz J. and Dolores H. Russ Prize from the NAE (2007).

1979: Elected a member of NAE.

1986: ASME establishes a young researcher award in his honor.

1986-1990: Serves as Chairman of the Steering Committee, the World Congress of Biomechanics.

1991: Elected a Senior Member, Institute of Medicine of the National Academy of Sciences.

1991: Becomes Professor Emeritus at UCSD.

1992: Elected a Member, National Academy of Sciences.

1994: Elected a foreign member of the Chinese Academy of Science.

1995: The Chinese Association of Biorheology and the Chinese Society of Biophysics establish a young investigators award in the honor of Y.C. Fung and Shu Chien.

2002: UCSD dedicates the auditorium of the Powell-Focht Bioengineering Hall as "Y. C. Fung Auditorium."

2012: An asteroid 225 million miles from earth is designated "210434 Fungyuancheng" by the International Astronomical Union.

伊林──開創新局的探索者與人師

溫偉源
國立中央大學物理系副教授

　　伊林院士可說是中大的代表性人物，早在 2008 年入選中央研究院院士之前，伊林即已是臺灣物理界廣為人知，更是享譽國際電漿物理界的科學家。於 1994 年首先以實驗證明微粒電漿晶格便震驚了當時世界物理科學界，並在次年獲頒亞洲傑出成就獎。他與中大的淵源極深，包括就學與服務的時間超過三十五年。從四十六年前的物理系學生到後來的物理系教授，中大在其生命旅途中扮演重要角色。而回首生活、研究、與教學歷程，可見其始終如一的熱誠與態度。

　　伊林於 1951 年生於臺北市大安區。父母親均從事教育工作，透過身教對其早期的啟蒙扮演關鍵角色。家中教育溫暖、開明、自由、尊重、輕鬆；強調主動從生活中學習，追本溯源，建立中心思想與動手能力。造就了他愛好自由、主動思考辯證、勇於探索的個性。就人生態度方面，父親也教導他不要設定太遠大的人生目標與追求課業成績，要享受當下擁有與成長程序，知足常樂，積小成大；透過廣涉不同領域閱讀、實作、運動、玩樂，均衡快樂成長；比其他同學擁有更多思考與探索的機會。當時的大安區，為臺北市邊陲，稻田溝渠為玩耍的樂園，也提供更多的機會體驗大自然律動的奧妙。所就讀的北師附小，是自由開放的

園地，並未受當時國小升學初中聯考的壓力，五育並重，每週有饒富趣味的自然、音樂、美勞、體育課程，加上自己喜愛動手操作，從小透過家中工具自製玩具與小實驗，造就他日後對實驗物理研究的深度享受。高三時，初讀當時美國科教改革新物理課本，為物理簡明、直探本源之美所吸引，踏入物理學習的大門，並因老師對新教材的不熟稔，讓他有更多機會體驗享受自我及與同學集體學習論證物理的樂趣。

　　自大安初中、師大附中畢業後，伊林考取中大物理系，並成為該系在臺復校第二屆學生。當時的物理系整體設備相對缺乏，沒有研究活動，大學生欠缺參加實際研究工作的機會。從另一角度來看，學生生活單純自由，有很多自我學習與成長的空間，老師們均認真教學，關懷學生，而其中陳滌清教授的重視思考、物理圖像建立的開明教學風格更對物理系學生影響深遠。中大遠離塵囂，校園空曠，只有幾座樓房，宵夜街商店屈指可數，但周邊田園農舍處處可享綠竹幽徑的雅致。雖無現在大學生熟悉的網路與諸多社團活動，生活仍精采豐富。每日有節奏的課業學習與數小時運動，週末與寒暑假的各式校外活動與聯誼，過了愜意又充實的四年。直到今天，伊林仍維持當年在中大校園培養之平衡生活態度。如果你一大早到中大校園走走，一定有機會看到他在校園散步慢跑的身影。他也偶與實驗室研究生騎腳踏車到中大附近的田野漫遊，共享田園之樂。

　　中大畢業完成兵役後申請至美國新澤西州的羅格斯大學物理系博士班深造。學長建議他參悟費曼物理（Feynman's lectures on

Physics）必能順利通過學生喪膽的困難資格考筆試。他照做了，如那位學長所言的以最高分通過該次博士班資格考筆試。然而一年後的博士班資格考口試中竟然與參加考試的八成研究生同遭滑鐵盧。當眾生與指導教授均抱怨考試的不合理時，一位系上老師語重心長的對他說：「當你被擊倒時，無論對手多麼不合理，都必有其原因，你要好好面對上帝給你的機緣翻轉。」潛心檢討後發現研究所較高等課程高度強調習題數學計算推導，學習反而捨本逐末，喪失思辨機會，陷入數學泥淖，見樹不見林。找出源頭對症下藥後，透過反覆的思考、辯證、論述，才重新統整物理與數學，建構穩固清晰框架與圖像，又將從前的物理感覺完全恢復過來。

　　成功的考過博士班資格考口試當日，長女出世，面對另一不同風味充滿挑戰的忙碌生活，同時間進行的實驗室研究工作卻不甚順利。研究課題是利用當時最先進的雷射螢光散色技術，研究高速衝擊波所形成高熱電漿中的電漿密度與速度起伏相關題目。苦於一直量不到預期的訊號而導致研究進度無法推前，之後更屋漏偏逢連夜雨似的遭遇主要實驗儀器損毀；由於指導教授經費短絀，只得自己動手修理損毀系統，並設計自製高精度電子控制量測儀器。從基礎的電子學、真空、雷射製作技術中摸索，於實戰中迅速提升自己的實驗功力，然無功而返。赫然發現問題的源頭不在後端電子量測系統有多精準，而在於前端產生螢光用雷射的功率竟只有必需要求的百分之一，當時並未有此所需高功率雷射問世！在領悟到上述問題後，伊林閉關尋找新的量測技術與議

題，數月內利用另一個極簡的老方法——Langmuir探棒量到極強的訊號，順利的畢業。在上述過程中學習到事先詳細規劃、成本評估、與尋找方法以簡馭繁，達到原本目的的能力。上述困境經驗也是造就日後伊林能夠以低實驗經費與人力成本完成一項又一項令人驚豔的科研成果的原因。

1981年取得博士學位之後，轉換跑道，想探詢物理除基礎研究外的應用價值。適逢積體電路半導體產業興起，欠缺物理、化學領域基礎人才，因此順利的進入一家製造電漿製程半導體設備公司從事研發工作。當時電漿製程被視為未來半導體進入次微米製程的主力，伊林在該公司以極短的時間成功研發新一代的電漿濺射鍍膜系統與電漿蝕刻系統，產品席捲市場。在這段時間，他深受與研究所迥異的企業經營成本速效的概念震撼；更體認到跨領域整合的威力，如何掌握物理知識的源頭以發展尖端的工程技術，在短短數月間，讓產品從無到有做到全世界最頂尖。羽翼漸豐後，深覺應到一個更需要他的地方開展天地，培育後進，豐富生活，因此在該公司服務兩年半後重返母校懷抱。

1983年回到中大物理系，中大物理系在他離開的短短十年，透過先行教授的努力，已非研究荒漠，政府隨經濟的快速發展，亦重視基礎科學的研究。開始的研究是將昔日公司研發工作更擴展至電漿輔助化學氣相沉積。很快的建立研究團隊，研發獨門的磁控電漿系統產生高密度低溫電漿，成功開發高度緻密的氧化矽薄膜製程，並研究薄膜在電漿下的成長機制。除了上述工業應用相關的研究課題，也開始研究當時新興的非線性科學，透過

極精細的電漿激發態調控，觀察有趣的混沌現象並發現電漿由規則至混沌所遵循的普世律與電漿激發態中的隨機共振現象。

1992年，伊林在 *Physics Today* 期刊上看到一篇關於超精細顆粒（現稱奈米顆粒）的報導，決定轉而研究以電漿輔助化學氣相沉積方式製造氧化矽超精細顆粒，以探研此超小尺度系統因量子侷限效應所造成材料的不同光電特性。1993年初其博士生朱仁弘與碩士生杜志彬觀察到在電漿輔助化學氣相沉積腔體內有霧狀的灰塵懸浮在電漿暉光裡，經由進一步的觀測發現是氣相合成形成的氧化矽微米顆粒因可透過所攜大量負電荷互斥抵抗重力而懸浮於電漿中。伊林於是與學生著手改造實驗腔體以便仔細觀察那些懸浮微米顆粒。在幾個月的努力後，伊林的團隊即領先世界，透過光學顯微系統，觀察到電漿中懸浮微粒所自組的各種晶體與液態結構，並首度實驗證明微粒電漿聲波的存在。1993年底於臺北舉辦的國際統計物理會議上報導，之後再於1994年以「Direct observation of Coulomb crystals and liquids in strongly coupled rf dusty plasmas」為題發表於美國物理學會權威期刊《物理評論通訊》（*Physical Review Letters*）。該研究開啟了物理科學的一個嶄新的次領域，利用該系統可直接透過光學顯微追蹤微粒軌跡的特性，探討相變、液體、液體、乃至微粒電漿波動的微觀動力行為。該論文後來成為微粒電漿領域的最權威文獻，迄今被引用近千次，獲得ISI經典引文獎，為《物理評論通訊》1994年所發表的所有論文中第二高引用率論文。

其實美國與德國的跨國團隊早在1980年代末期開始合作，

企圖以實驗證明微粒電漿晶格的存在，選擇利用以高分子微粒擲入電漿的方式來形成二維晶格，卻碰上顆粒會黏合成大小不一且過重的團簇而告失敗。相反的伊林團隊利用電漿輔助化學氣相沉積形成懸浮顆粒而剛好迴避了上述問題，且因在研究微粒電漿晶格課題前，即在類似電漿系統中研究電漿激發態的混沌現象，練就了極精細調控電漿游離的能力，方能夠很快地找到合適電漿晶格形成的實驗參數。同時加上其工業界所練就的系統整合、時間、成本調控等概念與能力，得以後發先至。綜合以上幾點要素於一身的伊林能夠成為全球第一個在實驗室證實 1986 年 Ikezi 理論所預測之微粒電漿晶格確實存在的科學家也就不令人訝異，而所謂「運氣是給準備好的人」，這句話用來形容伊林團隊的成功應該是最恰當不過了。

　　上述實驗的成功除了歸功於團隊領導能力外，物理系複雜系統研究群同仁在軟物質等複雜多體研究的觀念交流，與其自身團隊學生貢獻也不可忽視。其中朱仁弘能在混亂資訊中快速找到重要線索，迅速達陣的長才，居功厥偉，劉正美是細心做出極精細調控電漿游離態系統的重要功臣。吳明興、丁立文與包天一等開山弟子更是化學氣相沉積系統能夠達到極佳性能的奠基人物。自1994 年突破後，伊林在微粒電漿與複雜系統相關領域的研究不斷開創新局，把微粒電漿相關研究推進至少體微粒電漿庫輪團、介觀尺度侷限與微粒電漿液體及超冷液體微觀結構與動力行為研究，非線性微粒電漿聲波與紊流波等新領域，阮文滔、賴瀅如、溫偉源、曲宏宇、鄧力文、蔡承佑、詹佳伶、姚松偉、張美菊、

劉國安、蘇彥碩、楊基、蔡雅怡等研究生為重要推手。

　　教學亦是伊林回到中大後享受的探索園地。有感當年在中大學習的時代，大學研究風氣不盛，實驗課程設計古舊，行禮如儀，無法培養具有動手能力的探索人才。因此在1983年回到中大服務時，動念改革實驗課程，啟發學生在大學初期的階段，進行探索的學習。著手改革大學二年級的實驗物理課程，透過大二上一學期設計良好的電子電路、機械加工、程式撰寫等課程，培養學生動手實作基礎能力，再於第二學期讓學生進行為期一學期的專題研究。該課程的實施，為許多日後在學術或高科技產業表現傑出的中大物理人奠定入門專業基礎。

　　在約2000年時，伊林在中大物理系更進一步推動將原本排定大一普通物理實驗及大二實驗物理分別由兩名不同教師負責的兩門課，整合為由單一教師負責四學期、小班制的實驗物理課程。如此改進了學習時間的侷限，更提高課程連貫性與完整性。有感於中大的學生普遍上自信心與探索能力及工具掌握的不足，覺得必須設計一系列的課程，將課堂與實驗室轉變成探索實戰的平台，將學生翻轉為舞台的主角，過程中不斷的鼓勵與挑戰學生，讓學生藉由主動學習，團隊競爭、合作，克服障礙，建立信心。課程議題涵蓋第一年的實驗基礎工具掌握，如電子、數位控制與分析、機械等系統的設計與製作，到第二年的當代實驗論文研讀、專題實驗的設計與執行。學生課前須就老師所擬定議題自我與團隊學習、小組討論、英文報告撰寫，再透過在課堂上學生演譯、論述、辯證，及實驗桌上就每組自我設定的目標與流程，

進行實驗，最後做出結論與未來規劃的過程，來訓練學生的自我學習、系統思維與辯證、議題設定與執行、口頭與書面論述、團隊合作與經營、自我超越等能力。在該課程二年訓練結束前，結合物理系年度盛會——物理小年會的活動，讓學生在該活動中以壁報發表的形式介紹自己大二下的自製實驗專題研究成果，交流觀摩競賽。實驗課程的改革為中大物理系帶來新的氣象，學生在經過兩年的訓練後變得紮實自信。過半修畢此課的大學部學生加入物理系各實驗或理論團隊進行前沿物理專題研究。對中大物理系在往下扎根的發展有長足的影響，目前已吸引多名同仁以相似方法投身實驗物理教學。

中大物理系在課程改革上一直是臺灣物理界的先鋒，伊林更是此項目的先行者，自2012年開始更促成中大物理系的另一項創舉。在他的倡議下，中大物理系在傳統以修課為畢業主要條件的學程外，另外開闢了一個新的選項，降低物理系的必修學分為大一至大二四學期的實驗物理與四學期的四大力學，但大三大四必須加入一研究團隊，進行前沿物理研究，撰寫畢業論文，公開發表，接受檢驗；隨必修課的減少，學生亦有更大的責任與自由選擇有興趣的課程。上述改革開展兩年，已獲初步成效。

在指導研究團隊學生上，伊林也持續注入其獨特的創見與手法。剛回到中大物理系任教時，雖視生如友，但對於研究生為何不能獨立學習、思考、探索本源感到不解，不知如何帶領，也不能欣賞欠缺思考力的努力學生。後來他領悟到其實他只不過運氣較佳，有比學生較優的獨特成長環境，而與學生能力不同。了悟

學生為老師的鏡子，沒有劣生，只有劣師，不可將責任推諉於學生，需改進指導方法，適度訂定議題，創造機會，誘導鼓勵，教之得英才；任何想學習的人都可以跨越障礙，享受物理探索活動。因此在大約 2000 年後，在指導研究團隊學生上，亦隨大學部教學改進的設計精神與經驗，改變其做法，不斷推陳出新因應各種不同學生的特質加以引導。上述作法帶來明顯的改變，諸多研究生跨越障礙翻轉後交出亮眼成果，不僅結為忘年之交，畢業後在各領域更成為優秀的領導人才，持續傳播理念。

除了研究教學外，伊林在服務上亦未曾缺席，在 1990 年代中期先後擔任物理系主任與國科會物理學門召集人，對學生培育，優秀人才師資延聘、拔擢、獎勵不遺餘力，並完成物理系科四館的規劃與搬遷至科四館。2004 年獲國科會主委吳茂昆延攬，擔任國科會自然處處長。秉持他所崇尚的降低干預、以簡馭繁、陰陽動態平衡的老莊精神，在直接主管廖俊臣副主委的信任支持下，積極簡化審議與控管，平衡資源分配，建立開放、競爭、合作共用平台，強調論文品質而非數量，積極培育科研人才。其中調整紛擾的國家數學與理論科學中心架構，構建大氣與地科共用雷達與共用儀器平台，規劃籌建國家海研船，專款提升弱勢學校科研補助為幾個顯例。而推動學生出國會議經費補助，與修改繁瑣法規協助推動科研計畫經費可在三年內流用，更為他認為值得懷念的措施。

總結其研究、教學、服務理念，可以看出貫穿的中心思想。在研究上不固守執念，以開闊的眼光看待研究的課題，在實驗室

裡以簡馭繁，搭建可供客觀觀察上帝有趣演出的舞台，並細心記錄、分析、與建構模型，與人分享。對於教學，也以研究的態度與方法應對，自娛娛人，搭建學生主動探索的平台，讓學生經由身、心、道、術的反覆鍛鍊，從實戰中學習打造日後開啟任何領域大門的萬能鑰匙（master key），成為具有探索、創新能力的自在公民，開創未來無限翻轉可能。

　　或許這樣的平衡生活態度，對研究、教育的享受，日新又新的思想，伊林教授到耳順之年仍保有年輕人的活力，並在研究與教學上持續開展，也為莘莘學子與後進同仁提供一個典範。

求變勝於安逸，心態決定高度——李鍾熙

賴巧玲

國立交通大學人文社會學系

　　出生於雲林斗六，母親是小學老師，父母喜愛讀書、歌唱、繪畫、書法，受到雙親的薰陶，李鍾熙自小就興趣廣泛。幼時理解力強、記憶力佳、學習得很快，初中考上臺中一中，斗六距離臺中足足兩小時的火車車程，讓李鍾熙不得不在臺中租房，年僅十三歲的他，便開啟了隻身在外的求學生活。父母不在身邊，凡事都得靠自己，辛苦在所難免，但也相對的有比較多自由，可以盡情參加各種活動、打球、唱歌、閱讀小說，這些都是在家較沒機會做的事，「一個人在外，自由度高，相對也獨立。」李鍾熙回憶道。高中時他獲選臺中一中棒球校隊，同時喜歡打籃球和排球，課業表現也不錯。從初中到高中的這段時間，他自我發掘了多面向的興趣、並且學會獨立自主，對於未來面對新環境的種種挑戰，著實有很大的幫助。

選讀中大，今昔差異大

　　中大在臺復校的契機，要從1957年蘇聯成功發射第一枚人造衛星說起。聯合國把該年訂為國際地球物理年，地球物理的風潮遂席捲全球，各國大學都爭相發展，然而當時國內並沒有相關

科系，中大校友會在時任教育部長的校友張其昀的支持下，向政府提議設立中大地球物理研究所，1958年行政院院會通過由中大校友會捐資籌立。初期由於校地和經費的問題，困難重重，在校友們熱心奔走之下，苗栗地方人士捐贈將軍山一帶土地二十餘甲做為校地，1962年中大地球物理研究所正式在苗栗成立，為臺灣第一個地球物理研究所。

後來為了發展成為綜合型大學，乃積極規劃擴大學校規模。唯因苗栗校地地處山區、校地狹小、交通不便，不利於師資延攬，經多次協調之後，決定遷往中壢。1968年，教育部核准中大設置大學部，並且暫名「國立中央大學理學院」。

大學部復校第一年（1968年），僅有物理學系（分物理及地球物理兩組）和大氣物理學系（分氣象物理及高空物理兩組），由於校地尚在整建，第一年是在附近的中壢中學（現為中大附中）教室上課。第二年又成立化工系，是工學院第一個系，該系第一屆（1969年）招收42名學生，李鍾熙正是其中之一。

恰逢中大遷校時期，「我們剛來學校的時候，沒有現在的大門，也還沒有柏油路，全部都是黃土和荒地。整個校區只有兩棟房子——宿舍和秉文堂，其他像是科學館、第一餐廳等，都還在蓋。」遷校初期，進出僅有側門一條泥土路通往雙連坡，雨天的時候常常泥濘不堪，夜晚因為沒有路燈的關係，伸手不見五指，對外交通十分不方便。

雖然李鍾熙沒有經歷過在壢中教室上課的時期，但是刻苦的環境，讓甫到中大的李鍾熙難掩失望，「真的非常簡陋，連生活

都不是很容易。」不過，這樣的校園也有它怡人的一面，地處雙連坡的緣故，校園常常霧氣氤氳，當晨曦灑落，彷彿可以在霧中看見微微的光點，非常詩意、富有情調。「我記得學校的霧很濃，風也很大，比現在還要大很多倍，起風時都黃土飛揚。」

　　現在的中大，蒼松林立，綠草如茵，和昔日的景象實有天壤之別，「現在的風小很多，因為樹多了嘛！」李鍾熙興奮的說，「校門口那兩排高大的木麻黃，就是我們一棵一棵親手種的呀！那時候大家覺得是種著好玩的，根本不知道它會不會活，沒想到現在都長這麼高了！種的時候才一根手指粗、大概不到一公尺高！」幾十個春夏秋冬過去了，如今回憶起當時中大的一切，都還印象深刻。

課外活動，大學必修分

　　和現今宵夜街商家林立、交通方便的中大不同，當年附近商店很少、農田居多，校內建設也尚未開發完全，因此校園生活十分單純，漸漸熟悉大學作息的李鍾熙，開始活躍於各項活動當中，其中令他難忘的是舉辦學校第一屆越野賽跑。那時擔任第一屆學生活動中心總幹事的他，負責籌劃各種全校性的學生活動，和其他幹部們討論過後，決定舉辦越野賽跑，「那時候計畫是跑到現在天文館後面，大概二十幾公里，但是一開始學校不讓我們辦。」基於學生安全問題，學校不願意冒險，於是李鍾熙帶領學生會做了很多改進，試圖要說服訓導處同意這項活動，例如安排

替參加同學進行簡單的身體檢查、請醫護室做簡單的急救教學以及比賽當天設立醫護站等，「但學校還是不肯，我就去教室外面等正在教課的訓導長，等了許多次才終於說服訓導長點頭答應。」第一屆越野賽跑就這麼辦成了，至今仍是中大新生必經的洗禮路程。

除了加入學生會，李鍾熙還代表學校參加了英文演講比賽、辯論比賽等，也翻譯英文文章、創作新詩及散文。從初中就熱愛運動的他，還代表參加了全國大專盃棒球賽，他自嘲的說，「只是已經不記得第幾名了！」此外，他還和校內同學等人共同組了一支熱門音樂樂團，並擔任爵士鼓鼓手，對課外活動相當熱衷。

李鍾熙認為，參加課外活動，參加者自己往往是受益最多的那個人，「你要當一個領導者，自然不能腦袋空空。會自己要求自己，才有能耐組織團隊辦活動。」對自己有著很高期許的李鍾熙，無論是擔任學生會長，或是代表學校參加比賽，都有滿滿的收穫，「至於這些活動對社會的貢獻，通常是相當有限的。」

關心時事，行於紙上

現在的臺灣，自由、民主，然而當時的臺灣仍處於戒嚴時期，政府以「限證、限張、限價、限印、限紙」五禁，掌控報章雜誌的發行。但是在校園裡，思想與資訊像是流動的風，藉著刊物傳播到各個角落，那時中大第一本學生刊物是《六朝松》。六朝松，是中國南京東南大學（舊時為中央大學工學院）梅庵屋前

的一棵柏樹（古時松柏同稱），傳說是一千五百多年前梁武帝所種植，後來隋軍夷平了六朝的建康城，南京又受太平天國與抗日戰爭等兵燹，多次戰火之下仍挺拔至今，於是被視為中央大學的精神象徵以及濫觴。李鍾熙曾擔任《六朝松》的編輯，也投稿過不少文章。

隨後，學校成立了另一正式學生刊物《中大青年》，李鍾熙擔任《中大青年》第一期的總編輯。「那時候《中大青年》有一個專欄叫做『勉古懷今』，由我負責編纂及採訪。」因為負責這個專欄，讓李鍾熙有機會訪了許多傑出的中大校友，例如曾任財政部長與經濟部長的李國鼎等。中大有許多校友都曾擔任政府要職，除李國鼎之外，還有前中央銀行總裁徐柏園及謝森中、前外交部長周書楷、前教育部長與文化大學創辦人張其昀等等。「我常常覺得校友很重要。」當年聯考分數可進臺大，卻捨棄臺大來到中大的李鍾熙，選填志願的參考之一即是校友，「中大歷史悠久，培育出的校友對國家貢獻良多，因此我認為中大應該是個第一流的好學校。」

《中大青年》後來改版成報紙型月刊，李鍾熙也經常投稿，寫了很多政治性的文章，尤其是鼓吹當時沸沸揚揚的「國會全面改選」議題。政府遷臺之後，無法改選國大代表、立法委員、監察委員等中央民意代表，僅透過大法官釋憲，使得第一屆立法委員和監察委員繼續行使職權，以至於成為長達四十多年未改選的「萬年國會」。

1960年代，臺灣社會陸續出現改革主張，例如1964年臺大

政治系教授彭明敏等人發起〈臺灣自救運動宣言〉、《大學》雜誌社長陳少廷發表〈中央民意代表的改選問題〉、雷震的〈救亡圖存獻議〉等，都主張推動國會改革。「我還記得有一次，《中大青年》刊出了一大篇我寫的要求國會全面改選的文章，當時被學校警告叫我不要再寫。」對政府有很高期望的李鍾熙，也賦予自己很大的責任，推動自己覺得該做的事情。

當時「存在主義」在校園也十分盛行。存在主義強調個人、自主，討論生與死、哀與樂、存在的意義及自由等，當時資訊流動不似今日快速，學生們成為大學新鮮人之後，相對有比較多自由，便開始思考一些人生哲學、找尋自我。李鍾熙認為，大學是人格探索和學習的最好時機，要多嘗試不同類型的活動、發展自己的興趣，思索人生的意義，傾聽自己內心的聲音，並且努力實踐，才能走出一條自己的人生道路。

巨擘的啟發

「至於大學在化工專業的培養，一直到大三才開始，我慢慢由參加許多活動回歸學業。」當時非常幸運，有幾個很優秀的老師，讓李鍾熙有很多的啟發。其中一個是美國萊斯大學畢業的商武博士，他也曾任職於世界知名的杜邦公司，後來回到中大化工系教授「單元操作」課程，因為有業界經驗，商武和純學術的教授不同，非常講究實際應用，要求學生實際跑案例、實際操作運算和設計，「他一直強調工程師要有『基本常識』，要知道什麼

合理、什麼不合理？工程師要有自己判斷的能力，那時候他是我們的偶像。」李鍾熙一邊回憶一邊說道。

第二個老師是教授「化學反應工程」的李烈申博士，「我還記得他第一天上課，就問我們要用哪個語言上課？中文、英文還是法文？大家投票選擇了英文，之後我們整個學期就都用英文上課。」這門課有很多數學應用，從李烈申教授身上，讓李鍾熙感受到做學問的嚴謹精神。另一位是留日的化工博士李漢英教授，他是臺灣化工的泰斗，成大化工單元操作實驗室與東海大學化工系都是由李漢英教授所成立，雖然李漢英教授年事較高，身體仍然硬朗，可以從學校步行到中壢車站，還能夠連續上課三小時不間斷，且通常不需要用到課本，學問都在滿頭鶴髮之下。

「還有一堂課我們收穫很大，那就是『程序控制』，我們跟學校申請了一筆錢讓我們到全臺參觀工廠。」當時李鍾熙擔任班代表，由於「程序控制」需要做實驗，但學校還沒有程序控制的實驗室，於是他努力向學校爭取經費，讓全班到臺灣各地參觀十幾家工廠，補充課本上沒有的概念，「也是因為這些參觀的經驗，同學們的實用化工知識比其他大學化工系的畢業生還要豐富，後來找工作也就比較容易。」他笑著說。

到太平洋另一端生活

對化工愈唸愈有興趣的李鍾熙，開始蒐集很多國外研究所的資訊、並通過 GRE 測驗，畢業後服完兵役便負笈美國伊利諾理

工學院（Illinois Institute of Technology）留學進修。伊利諾理工學院化工系是美國最早成立的化工系之一，當時全球最知名的「反應動力學」教科書作者，便在該校任教，李鍾熙努力爭取到獎學金，便一路做研究，並且取得博士學位。「當初其實沒有想過要唸博士，只是美國大學的環境，讓你覺得做研究非常有趣，而且有挑戰性，後來企圖心就愈來愈高，想要再繼續研究下去，就留在那邊唸博士了。」李鍾熙笑著說。在攻讀博士的期間，為了開拓眼界與追求知識，參與了美國阿岡國家實驗室（Argonne National Laboratory）的合作計畫，取得博士學位後，亦受延攬任職於此單位。

阿岡國家實驗室，是當年美國曼哈頓計畫的一部分，成立時為負責二戰期間研發原子彈的機構，研究人員約 3,000 人左右，由不同領域的專家所組成，而且歷史悠久，延聘了許多世界一流的人才。李鍾熙在實驗室，主要研究的是「電化學」應用於能源跟生物科技方面。身為國家研究機構，阿岡實驗室的研究主題通常都是國際領先的，很多大型的計畫都涵蓋全球，並且與大學及業界有密切合作，大大拓展了李鍾熙的視野。

研究員的生活安穩、待遇也不錯，就這樣在阿岡國家實驗室工作了六、七年，「但是我覺得只是單純的研究工作，並不能滿足我的企圖心，我應該要投入更多能改變現狀的工作。」於是李鍾熙決定到芝加哥大學（The University of Chicago）攻讀企業管理碩士。企業管理，與他原先所學的化工完全是截然不同的領域，李鍾熙決定白天工作、晚上準備考 GMAT（研究生管理科入

學考試）、還要一邊照顧出生不久的女兒，把自己重新投入另一塊未知的世界。李鍾熙說，在阿岡國家實驗室期間，除了自己的研究工作之外，也曾指導西北大學研究生撰寫博士論文，他發現自己對於連結「理論」與「實務」並加以商業化很有興趣，「也覺得自己這方面的能力還不錯，而且很喜歡。」

「每個人都應該要有自己的定位。」李鍾熙說，自己不喜歡走純學術的路，「但如何把理論與實務互相結合，是一項挑戰，我樂在其中！」而連結理論與實務，需講究觀察、應用與溝通，「尤其溝通很重要，比如說你要如何把一個技術性深奧的東西，讓外行人能聽得懂，必須下很多苦功。」當時也有人建議他往法律方面深造，因為在中大辯論社擔任結辯的經驗，加上李鍾熙文筆好、分析能力強，著實有做為律師的條件，然而在法律與MBA（企業管理碩士）兩者之間，他還是選擇了自己的興趣，到全美企管研究所排名第一的芝加哥大學唸MBA。

突破自我，追求知識

在芝加哥大學唸MBA的時光，對李鍾熙而言是既充實又難忘的，芝大商學院的教授，有七、八位是諾貝爾獎得主，李鍾熙如數家珍的一一說出教授的名字和他們的成就，如此頂尖的師資，讓喜歡挑戰的他更積極學習。

芝加哥大學商學院的特色是著重理論分析，對學理工的人而言較為契合。例如其中一位貝克（Gary Stanley Becker）教授，是

1992年諾貝爾經濟學獎得主，奠定他在經濟學崇高地位的著作《人力資本》（*Human Capital*）中，有一個「Life Cycle Consumption Theory」理論，李鍾熙認為值得介紹給年輕人。其內容大概是這樣：一個人一生中，在不同人生階段所擁有的財富和該階段的消費需求，往往是無法搭配的。年輕的時候通常沒什麼錢，但卻最需要投資自己；等到年紀大、有錢了，要投資自己的時機卻已經過了。因此如果要把人一生價值最大化，就是要設法把這種不當的搭配（mismatch）調整過來，其方法之一就是讓需要錢的年輕人借得到錢去投資自己。美國最早的「學生就學貸款」就是根據這個理論而設立的，至今仍為美國的國力增強貢獻良多。

這裡指的「錢」，不一定是實質的鈔票，也可能是資源、或是機會，「年輕人只要有清楚的目標，就不必害怕借用父母或外界的資源來投資自己。這和一般中國傳統『量入為出』的節約觀念是不相同的。」

另外，有一門叫做「商業法務」（Business Law）的課，也讓李鍾熙收穫滿滿：一千多頁厚厚的英文教科書，以及嚴格要求的教授，讓李鍾熙深入了解從一般的法律問題到商業合約的內容，「法條會變，但是概念是不變的。」這些知識和訓練帶領著他，成就了未來在科技產業亮眼的表現。

歸國，做自己想做的事

從芝加哥大學畢業後，李鍾熙被強生公司延攬。在公司服務

的這三年，李鍾熙參與了化學藥物的合成及商業化，從實驗室走入工廠及行銷，他也能把在芝加哥大學MBA的所學應用於此，對於把理論轉換成實際的商業化過程，也有了更豐富的經驗。

1990年，李鍾熙獲得當時工研院化工所胡德所長的邀請，返臺擔任化工所副所長，並於兩年後升任所長，帶領650人的研發團隊。「我覺得研究工作和我的所學及興趣息息相關，又可帶領一個團隊貢獻國家，因此我連家也沒搬就馬上回臺加入工研院。」李鍾熙表示，其實出國以後，常常找機會回臺，與許多機構進行交流，也很希望能回到家鄉服務，對臺灣的產業能有所貢獻。喜歡爬山的他，尤其想念臺灣美麗的山巒，「伊利諾沒什麼山，回臺灣是讓我非常嚮往的一件事。」

工研院化工所，是工研院各單位中歷史最悠久的所，化學和石化工業是早期臺灣經濟起飛最重要的基石。而後80年代臺灣的電子資訊產業正在快速發展，也需要精密化學的搭配。李鍾熙覺得當時的首要目標，就是要把研究與產業發展結合起來。「工研院不只是一個研究機構，我們做研究的目的，是為了要創造產業和經濟價值。」於是原先以研究為導向的計畫，在他努力下都漸漸轉為以產業為導向，專利數也從零星的個位數增加到數百件。他積極推動產業合作，例如和電子半導體等高科技產業密切配合，把傳統化學工業，變成高附加價值的電子化學產業，同時也利用化工技術發展高附加價值的醫藥品，帶領化工所不斷創新與突破。

更上一層樓

　　1994年，李鍾熙有機會又前往美國，到哈佛大學進階企管班（Advanced Management Program, AMP）進修。在這三個月的時間裡，又給了他不一樣的眼光和經驗。哈佛課堂以案例研討為主，有很大一部分的時間，都是與同學們討論，和各家企業主管互相交流和分享經驗，不僅得到很多創新想法，更可以提升判斷與決策的能力。同時，也累積不少人脈，「認識第七艦隊副司令、以色列國家安全局局長、國際貨幣基金理事、HP副總裁等等。」

　　從哈佛回來後，李鍾熙看到先進國家正在積極發展生技產業，且已經逐步有亮眼的表現，因此覺得臺灣也應及早加入，分享這塊生技大餅，為臺灣下一波高科技產業鋪路。有遠見的李鍾熙開始積極籌劃成立「工研院生醫中心」（現為生醫所），將化工所的藥物化學、材料所的生醫材料、量測中心的醫療器材、電子所的生醫晶片，全部整合起來，成為跨領域結合的前瞻生醫研發團隊。隨後，他更決定放下基礎已相當穩固的化工所，專心投入在生醫中心，「我覺得生醫是工研院的未來，也是臺灣的未來」，李鍾熙認為工研院有其特有的優勢，那就是把光電、材料、半導體等高科技與生物科技結合，發揮臺灣特色。

　　2001年，他升任工研院副院長，二年後接下工研院院長的棒子，帶領全院6,000位高科技研發人員，為臺灣的科技產業開創新未來。要在快速變化的環境中帶領臺灣最大的產業科技研究

機構，李鍾熙的肩上有了更沉重的責任。

　　為了讓臺灣從「追隨者」晉升為「開創者」，他首先成立了「科技創意中心」，希望能在臺灣的製造能力上，增加原創性，提高國際競爭力。工研院的專利數快速成長，進到全球美國專利排名前50，技術移轉金額也從每年不到5億元提高到15億元。「把理論轉化成產業實務，本來就是工研院的任務，也是我一生的職志，所以我做的這些事，覺得特別有衝勁。」

　　在李鍾熙的推動之下，工研院把研究與產業密切結合，並且啟動了軟性電子、智慧電動車、雲端運算、先進機器人、高階生醫器材等新興的產業科技，更連年榮獲國際大獎，例如《華爾街日報》全球科技創新獎、R&D 100全球百大科技創新獎等，前幾年花博夢想館展出的驚豔國際的超薄音響紙喇叭，亦是工研院的傑作。「要成就世界一流的事情，就必須要有強烈的企圖心和熱情的火花！」

勇於求新求變

　　李鍾熙自中大畢業後，到伊利諾取得博士學位，後來到阿岡國家實驗室工作，修習芝加哥大學MBA，之後任職於強生公司，再回到故鄉臺灣。「回頭來看，如果有什麼經驗可以分享，那就是傾聽自己內心的聲音，勇於改變現狀。」他表示，在阿岡國家實驗室工作，表現不錯、待遇很好，也有穩定的生活，那時候強迫自己離開舒適區（comfort zone），到芝加哥大學唸

MBA，後來到強生公司工作，都是需要下定決心才行。李鍾熙說，在阿岡國家實驗室工作時，彷彿已可以看見自己能安安穩穩的過個三十年日子，這或許是許多人夢寐以求的生活，但對充滿企圖心的他，卻毅然離開去追求人生更大的意義。

而放下美國工作和優渥的待遇，回臺加入工研院，領取不到一半的薪水，也是他另一個重大的改變。「我覺得逼自己改變還滿重要的，如果知道自己的志趣，只要有機會就要勇往直前！」李鍾熙擔任化工所所長，帶領650人的大團隊，後來卻去創立生醫中心，初期只有100多人，當時有些人會問：為什麼要從一個大單位轉到小單位？對他而言，規模、人數都僅是形式上的東西，並不那麼重要，機會與改變是李鍾熙唯一的答案。雖然成立生醫中心這條路上困難重重，他卻努力的一一突破，「每一次的機會和改變，都需要push自己離開舒適區。事後看來，我覺得改變都是對的。」

李鍾熙回憶，這些年自己從研究到管理，從國外回到臺灣，從化工轉成生技，在這中間，他做了很多的思考和準備。「改變可以帶來很多新的機會，所以不要害怕去改變。」

在李鍾熙的努力下，工研院生醫所不斷擴大，也和其他單位有更密切的合作。隨後他升任副院長、擔任工研院院長，也在兩任期滿卸任後，轉到財團法人生技中心擔任董事長，推動臺灣的生物科技產業。然而他更嚮往專心發展自己的研究與事業，於是成立了屬於自己的公司，集中精力投入此時全世界正積極發展的基因定序（gene sequencing）尖端科技。「如果這件事（指快速

基因定序）能成功的話，將會帶來醫療保健重大的變革，不但可以讓全球更多人受惠，也可以替臺灣科技產業走出一條新的路，這會是我人生裡面一個更大的改變。」李鍾熙笑著說，一字一句裡都流露出他的自豪與殷切的盼望。

勉勵，企圖心和自信

李鍾熙在工研院每年的新人訓練中，都會告訴新人一句話：「Your attitude determines your altitude.（態度決定你的高度）」他相信自己的心態是最重要的決定因素，心態的正確與否會決定你能飛多高、飛多遠。他勉勵年輕人應該要有充分的自信和高度的自我期許，一個有高度自我期許的人，必然是一個願意學習與成長的人，當面臨打擊與挫折的時候，才能很快的振作起來、重新出發。李鍾熙從年少青衿孜孜矻矻，一路上都是一邊充實自己，一邊觀察環境、掌握機會。他認為自己的人生應該要由自己去規劃，如果害怕嘗試、害怕失敗，只能日復一日、錯失良機，而夢想漸遠，熱情不再。

「Do not pray for an easy life, pray to be a strong person.」這句話一路支持著李鍾熙，從懵懂的大學生、到出國求學、工作，投入全然未知的領域，放棄國外安定的生活，回臺貢獻己力，他的人生充滿許多改變，不斷跳脫舒適圈，追求一個更好的自己。改變需要勇氣、自信和熱情，這也正是李鍾熙要勉勵年輕人的關鍵。

國家圖書館出版品預行編目（CIP）資料

中大百年・科學篇 / 李光華主編 . -- 初版 . -- 桃園市：
　　中央大學出版中心；臺北市：遠流，2015.06
　　　面；　公分
　　　ISBN 978-986-5659-04-2（平裝）

1. 社會科學　2. 科學　3. 文集

507　　　　　　　　　　　　　　　　　104009009

中大百年・科學篇

主編：李光華
執行編輯：徐幸君
編輯協力：簡玉欣

出版單位：國立中央大學出版中心
　　　　　桃園市中壢區中大路 300 號 國鼎圖書資料館 3 樓
　　　　　遠流出版事業股份有限公司
　　　　　台北市南昌路二段 81 號 6 樓

發行單位／展售處：遠流出版事業股份有限公司
地址：台北市南昌路二段 81 號 6 樓
電話：(02) 23926899　傳真：(02) 23926658
劃撥帳號：0189456-1

著作權顧問：蕭雄淋律師

2015 年 6 月　初版一刷
售價：新台幣 350 元

如有缺頁或破損，請寄回更換
有著作權・侵害必究 Printed in Taiwan
ISBN 978-986-5659-04-2（平裝）
GPN 1010400718

YL*lib* 遠流博識網　http://www.ylib.com　E-mail: ylib@ylib.com